AI와 팩트체크

AI문고

인공지능 시대입니다. 기계가 인간의 인지를 대신하고, 사물이 인간을 통하지 않고 다른 사물과 직접 커뮤니케이션합니다. 이에 따른 인간 삶과 문명 변화를 정확히 이해·예측·대응하는 것은 이 시대 우리 모두의 과제입니다. AI문고는 인공지능 기술과 환경의 여러 주제를 10가지 키워드로 정리합니다. 관련 개념과 이론, 학계와 산업계의 쟁점, 우리 일상의 변화를 다룹니다. 인간과 기술의 현재, 미래를 세심히 분석합니다.

일러두기

- 인명, 작품명, 저서명, 개념어 등은 한글과 함께 괄호 안에 해당 국가의 원어를 병기했습니다.
- 외래어 표기는 현행 어문규정의 외래어표기법을 따랐습니다.

처음이세요?

전문가세요?

지금, 큐알 찍으면

- AI 입문서 바로 선물
- 당신만의 필독서 추천
- 500권 요약본 공짜
- 오디오북 무료 사용

AI와 팩트체크

김미정

대한민국, 서울, 커뮤니케이션북스, 2026

AI와 팩트체크

지은이 김미정
펴낸이 박영률

초판 1쇄 펴낸날 2026년 2월 27일

커뮤니케이션북스(주)
출판 등록 2007년 8월 17일 제313-2007-000166호
02880 서울시 성북구 성북로 5-11
전화(02) 7474 001, 팩스(02) 736 5047
commbooks@commbooks.com
www.commbooks.com

ISBN 979-11-430-1656-0 03500

책값은 뒤표지에 표시되어 있습니다.

차례

AI 팩트체크, 인간 손 잡다

AI, 허위 정보에 맞서다

AI 시대 온라인 환경에 거짓과 왜곡이 빠르게 확산하고 있다. 클릭을 유도하는 자극적 제목과 검증되지 않은 정보는 하루아침에 수백만 명에게 도달한다. 소셜 네트워크 서비스(SNS) 알고리즘은 이런 콘텐츠를 더 널리 퍼뜨린다.

실제 한 조사에 따르면, 전 세계 성인 약 86%가 온라인상에서 허위 정보를 접한 경험이 있다고 응답했다(Kumar, 2025). 또 SNS 전체 콘텐츠 중 약 40%가 허위 정보일 수 있다고 평가한 자료도 나왔다(Kumar, 2025). 여러 국가 대상으로 한 조사에서 성인 72%가 온라인 허위 정보 확산이 자국에 큰 위협이라고 응답했다(Pew Research, 2025).

허위 정보는 단순한 텍스트를 넘어 복합적 형태로 확장하고 있다. 사진과 영상, 음성을 합성해 사실처럼 보이게 만드는 멀티모달형 가짜뉴스도 등장했다. 전문가들은 오디오-비디오 합성 딥페이크가 점점 더 정교해지고 있으며, 여러 매체를 결합한 위조 콘텐츠가 탐지되지 어렵다는 우려 목소리를 내고 있다.

특히 정치인의 목소리를 합성한 오디오 클립이나 실제 존재하지 않는 장면을 그럴듯하게 재현한 영상이 온라인을 뒤흔들고 있다(Wang et al., 2025; Westerlund, 2019). 한때는 전문가만 만들 수 있던 조작물이 누구나 손쉽게 제작 · 배포할 수 있는 시대가 된 것이다.

이런 변화는 온라인 공간을 더욱 혼란스럽게 만든다. 선거철마다 쏟아지는 허위 뉴스는 민주적 의사 결정을 흔든다. 과학적 근거를 가장한 음모론은 백신 접종이나 기후 변화 대응처럼 사회가 합의해야 할 문제를 불안정하게 만든다. 특정 집단을 자극하는 왜곡된 통계와 합성 영상은 갈등을 키우고 공동체를 분열시킨다. 이에 사실을 판별하는 일은 과거 어느 때보다 어렵고, 그 중요성은 한층 커졌다.

팩트체크 저널리즘

팩트체크 저널리즘은 이런 변화 속에서 주목받기 시작했다. 본래 팩트체크는 언론이 취재 과정에서 사실을 검증하는 가장 기본적 단계다. 그러나 뉴스 유통 구조가 급변하고, 실시간 정보가 폭발적으로 늘어나면서 전통적 방식만으로는 감당하기 어려운 시대가 됐다. 특히 2016년 미국 대선 이후부터 전 세계는 가짜뉴스에 대응하기 위해 팩트체크 조직을 세우고, 플랫폼과 학계가 협력했다.

팩트체크는 처음부터 자동화돼 있지 않았다. 오랫동안 사람 손에 의존해 왔다. 기자와 팩트체커는 발언을 직접 기록하고, 문서와 데이터, 전문가 인터뷰를 통해 사실 여부를 확인했다. 그러나 이런 방식은 느리고 노동 강도가 높았다. 속보 경쟁이 치열해진 디지털 시대에 "팩트체크는 느리고 무겁다"는 비판이 등장한 이유도 여기에 있다(Graves, 2016).

정보 생산과 유통이 폭발적으로 늘면서 이 한계는 더욱 두드러졌다. SNS와 메신저, 동영상 플랫폼을 통해 하루에도 게시물이 수억 건씩 쏟아졌다(Pew Research Center, 2024). 허위 정보는 단순한 사실 오류를 넘어서 다양한 형식으로 진화했다(Paris & Donovan, 2019). 정치적 양극화와 사회 분열을 부추기는 콘텐츠까지 확산하면서 기존 수작업만으로는 대응 속도를 따라가기 어려워졌다(Wardle & Derakhshan, 2017).

이런 배경에서 팩트체크 자동화가 시도됐다. 2010년대 중반부터 언론학과 컴퓨터 과학이 협력해 자연어 처리(NLP)와 머신러닝(ML)을 활용한 연구가 진행됐다

(Graves, 2018). 초기 자동화 목표는 단순했다. 쏟아지는 정보 중 검증할 만한 발언을 선별해 팩트체커 부담을 줄이는 것이었다.

가장 대표적인 도구가 미국 텍사스대 연구진이 개발한 '클레임버스터(ClaimBuster)'다. 이 시스템은 정치 토론에서 나온 문장을 분석해 사실 검증이 필요한 발언을 자동으로 찾아냈다. 2016년 미국 대선 기간 동안 실제 뉴스룸에서 활용됐다. 토론에서 쏟아지는 발언 중 우선적으로 검증할 문장을 실시간 추천했다(Hassan et al., 2015).

그러나 초기 자동화는 한계가 뚜렷했다. 우선 맥락을 정확히 이해하지 못했다. 문장의 구조적 특징에 의존하다 보니 풍자나 은유, 맥락적 왜곡을 구분하지 못했다(Hassan et al., 2017). 근거 수집 단계도 제한적이었다. 시스템은 문장이 검증할 만한지 알려줄 수 있었지만, 신뢰할 수 있는 1차 자료를 직접 찾아주지는 못했다. 또 정치 · 문화적 맥락이나 최신 데이터 반영에도 어려움이 있었다(Graves, 2018). 결국 이 시기 자동화는 팩트체커의 선별 작업을 보조하는 수준에 머물렀다.

AI 팩트체크 등장

이런 위기 속에서 AI 팩트체크가 등장했다. AI 팩트체크는 단순히 사람이 하던 과정을 대신하는 자동화가 아니다. 방대한 데이터 속에서 검증할 만한 발언을 탐지하고, 신뢰할 수 있는 근거 자료를 찾아 연결하며, 그 결과를 빠르게 요약·제시하는 '지능형 조력 체계'다(Hassan et al., 2015; Graves, 2018).

AI가 팩트체크에서 맡는 역할은 크게 네 단계로 나눌 수 있다. 우선 주장을 탐지한다. AI는 뉴스 기사와 SNS, 온라인 영상 속 발언을 대규모 모니터링한다. 문장 구조와 의미를 분석해 검증할 만한 발언을 자동으로 찾아낸다.

이후 주장에 대한 근거를 수집한다. 탐지된 발언이나 주장을 검증하기 위해 신뢰할 수 있는 데이터베이스(DB)나 공문서, 과거 뉴스 보도, 학술 자료를 찾는다. 초기에는 검색 정확도와 최신 정보를 반영하는 데 한계가 있었다. 거대 언어 모델(LLM) 등장은 이런 제약을 빠르게 줄였다. LLM이 방대한 데이터에서 의미를 이해하고 필요한 자료를 효율적으로 찾아 요약했다(OpenAI, 2020; Thorne et al., 2018).

이후 AI는 판정과 요약을 진행한다. AI는 수집한 자료와 발언을 비교해 사실 여부를 평가한다. 단순히 '참'이나 '거짓'만을 내놓지 않고 객관적으로 판단한다. "부분적으로 사실이지만 일부 맥락이 왜곡됐다"와 같은 형태로 결과를 제공하는 식이다.

AI는 멀티모달 검증도 진행한다. 합성 영상과 조작된 이미지, 위조된 음성을 판별한다. 딥러닝 기반의 이미지 위·변조 탐지, 음성 합성 판별, 영상 속 객체 추적 같은 기술을 활용해 이런 콘텐츠의 진위를 가려낸다(Paris & Donovan, 2019; Peng et al., 2025).

AI 팩트체크 한계

AI 팩트체크는 만능이 아니다. 우선 AI는 맥락을 이해하는 능력이 부족하다. 현행 시스템은 데이터에 기반한 확률적 추론으로 진위를 판단한다. 그러나 발언이 등장한 정치·사회적 상황이나 문화적 뉘앙스를 충분히 반영하지 못한다(Graves, 2018). 이 과정에서 사실의 의미가 지나치게 기술적 기준으로만 정의될 수 있다. 절차적 일관성과 계산적 정확성은 확보되지만, 인간 팩트체커가 수행해 온 맥락적 해석은 배제되기 쉽다. 통계적 패턴에서 벗어난 소수자 관점이나 복잡한 사회적 함의를 담은 발언이 거짓으로 분류될 수도 있다. 이런 방식은 민주적 담론을 기술적 기준으로 축소한다.

설명 불가능성도 큰 문제다. 팩트체크는 단순 결과보다 그 판단에 이르는 과정을 보여 줘야 진짜다. 하지만 많은 AI 시스템은 내부 계산 과정을 '블랙박스'로 남긴다. 왜 그런 결론이 나왔는지, 어떤 근거를 참조했는지, 결과에 대한 불확실성이 어느 정도인지 제시하지 못한다. 현업 팩트체커들은 이런 한계를 지적하며 "과정을 보여 주지 않는 도구는 실무에서 활용하기 어렵다"고 말한다(Graves, 2018).

AI가 학습한 데이터 한계와 편향도 팩트체크에 치명적이다. AI 모델은 훈련 데이터에 의존한다. 이 데이터가 서구 중심으로 구성됐다면 비영어권이나 비서구 문화권 맥락을 반영하지 못한다. 한국처럼 포털 중심의 뉴스 유통, 정치적 양극화 특수성을 지닌 환경에서는 정확도가 떨어질 수 있다(Pew Research Center, 2024). 또 AI는 학습 데이터 범위를 벗어나는 새로운 주장이나 전문적 사안을 다룰 때 신뢰할 만한 판단을 내리기 어렵다. 이미 알려진 팩트체크 사례를 암기한 듯 답변하거나, 존재하지 않는 근거를 만들어 내는 할루시네이션(hallucination) 현상도 생긴다(OpenAI et al., 2023).

AI 팩트체크로 멀티모달 허위 정보 대응 역시 쉽지 않다. 이미지와 영상, 음성을 합성한 콘텐츠는 탐지하기 어렵고, 학계는 멀티모달 허위 정보가 기존 단일 텍스트 기반 거짓 정보보다 훨씬 탐지하기 어렵다고 지적한다(Peng et al., 2025). 2024년 미국 대선에서 조 바이든 전 대통령의 목소리를 합성해 유권자들에게 "투표하지 말고 11월까지 기다리라"는 가짜 전화를 보낸 사건이 대표적이다. 이 사건은 연방통신위원회(FCC)가 600만 달러 벌금을 부과할 정도로 큰 파장을 일으켰지만(The Guardian, 2024), 동시에 AI 기반 팩트체크 도구가 이런 합성 콘텐츠를 완벽히 걸러내기 어렵다는 현실을 드러냈다.

AI 팩트체크의 표준화 부족은 저널리즘 발전을 방해한다. 현재 검증 대상 선정 기준과 판정 체계가 매체마다 다르다. 이런 불일치는 AI가 학습할 수 있는 기준 자체를 불안정하게 만든다. 현행 AI 모델 평가는 정답률 중심으로 이뤄지지만, 실제 언론 현장이 요구하는 것은 맥락 이해와 사용자 신뢰 확보, 정책적 활용 가능성과는 동떨어진 평가법이다.

정책 · 사회적 기반도 미흡하다. AI 팩트체크 발전에는 공공의 지원과 사회적 합의가 필요하지만, 한국을 포함한 많은 나라에서 이 부분이 부족하다. 한국은 2010년대 후반부터 정부 지원으로 한국어 팩트체크 자동화 연구를 시작했지만 정치적 논란 속에 지원이 소모적으로 변질됐다. 양질의 한글 데이터 확보도 여전히 어려운 실정이다.

마지막으로 AI가 잘못된 판정을 내렸을 때 누구에게 책임을 물어야 하는지가 불분명하다. 책임 주체가 모델을 개발한 기업인지, 이를 사용한 언론사인지, 아니면 결과를 받아쓴 기자인지 명확하지 않다. 법·윤리적 체계가 기술 발전 속도를 따라가지 못하고 있는 것이다. 이 때문에 학계와 언론계에서는 책임성을 명확히 규정하고, AI 결과에 대해 인간이 최종적으로 검증하고 승인하는 절차가 필요하다고 강조한다(Wardle & Derakhshan, 2017).

이 책은 이런 점을 지적하기 위해 탄생했다. AI 시대의 팩트체크는 빠르고 효율적이지만 진실을 단순한 데이터 연산으로 축소할 위험을 품고 있다. 맥락 이해 부족, 편향과 할루시네이션, 설명 불가능성, 멀티모달 허위정보 탐지의 난제, 표준화와 정책 부재, 책임 소재의 모호함이 주요 제약으로 꼽힌다.

이런 한계를 극복하지 못한다면 AI 팩트체크는 신뢰할 수 있는 도구가 아니라 오히려 새로운 불신을 낳을 수 있다. 따라서 AI는 전통적 팩트체크를 대체하는 존재가 아니라 보조 도구로 자리 잡아야 한다. 기술이 제공하는 속도와 데이터 처리 능력을 활용하되, 최종적 판단과 사회적 책임은 여전히 인간이 져야 한다. 이런 균형을 유지할 때만 AI 팩트체크는 민주적 지식 검증의 신뢰를 지킬 수 있다.

누구에게나 쉽고 재밌는 책

이 책은 총 10개 아이템으로 구성됐다. 1장에선 팩트체크 저널리즘 개념과 발전 과정을 정리했다. 2장에선 텍스트를 넘어 이미지 · 영상 · 음성으로 이뤄진 멀티모달형 허위 정보 위험성을 소개하면서 AI 팩트체크 출현 배경을 설명했다. 3장에선 AI 팩트체크가 어떻게 작동하는지 기술적인 맥락을 짚었다. 4장에선 SNS 플랫폼이 AI 팩트체크를 어떤 방식으로 활용하는지 분석했다.

5장부터 7장까지는 각국 AI 팩트체크 현황을 살폈다. 미국과 유럽, 아시아 중심으로 AI 팩트체크 운영 방식과 제도, 투자, 협력 방안을 비교했다. 8장에선 수용자가 AI 팩트체크를 얼마나 수용하고 있는지 신뢰도를 알아봤다. 최근 3년간 북미와 유럽, 아시아에서 나온 논문과 연구 결과 위주로 주제를 다뤄 균형 있는 시각을 확보했다. 9장에선 AI 팩트체크 한계를 다뤘다. 마지막 10장에선

AI 팩트체크가 안정적으로 운영되는 데 필요한 요소가 무엇일지 분석했다.

이 책의 10개 목차를 정할 때는 네 가지 기준을 가장 중요하게 고려했다. 첫째는 기술의 진화다. 팩트체크는 과거에 주로 텍스트를 읽고 확인하는 기자 작업에 의존했지만, 이제는 AI가 방식을 크게 바꾸고 있다. 팩트체크 방법과 역할이 어떻게 재편되고 있는지 살펴보는 게 목표다. 이에 전통적 팩트체크 저널리즘에서부터 최신 AI 기반 검증 기술에 이르기까지 흐름을 단계적으로 추적하고 그 영향력을 분석했다.

둘째는 사회적 요구다. AI가 팩트체크에 활용되기 위해서는 단순히 '정답'을 빠르게 찾아내는 것만으로는 부족하다. 결과가 왜 그렇게 나왔는지 설명할 수 있어야 하며, 검증 과정이 투명하게 공개돼야 한다. 알고리즘이 특정 정치 성향이나 문화적 편향을 강화하지 않도록 공정성을 확보해야 하며, 오류가 발생했을 때 책임 소재를 명확히 할 수 있어야 한다. 이 책은 이런 신뢰의 핵심 요소를 구체적으로 짚었다.

지역적 맥락도 중요하게 고려했다. 그동안 AI 팩트체크 연구와 기술 발전은 주로 북미와 유럽 중심으로 이뤄졌다. 그러나 한국을 포함한 아시아는 정치적 양극화,

포털 중심 뉴스 소비 구조, 한글 데이터 한계 등 독특한 환경을 갖고 있다. 이런 맥락을 무시한 채 해외 모델을 아시아로 가져오면 제대로 작동하지 않거나 오히려 신뢰를 해칠 수 있다. 이에 북미와 유럽, 아시아의 AI 팩트체크 생태계를 비교 분석한 후 한국 특수성을 반영해 차별화된 시각을 보여 주고 싶었다.

이 책은 기자뿐 아니라 연구자, 정책 담당자, 기술자, 일반 시민 모두를 위한 안내서다. 기자는 AI 팩트체크 잠재력과 한계를 실무적으로 이해할 수 있을 것이다. 연구자는 AI 시대 저널리즘 영역에서의 데이터 편향, 설명 가능성, 사회적 신뢰라는 학문적 주제를 탐구할 것으로 기대한다. 정책 담당자에게는 미디어 신뢰와 AI 거버넌스를 위한 시사점을 제시한다. 시민들은 온라인 허위 정보에 대응하기 위한 언론계와 학계 노력을 확인할 수 있을 것이다. 비전문가도 AI 팩트체크 내용을 재밌고 쉽게 이해할 수 있게 맥락을 최대한 풀어서 작성했다.

누구나 이 책을 통해 AI 시대 진실 검증을 새롭게 바라보고, 더 신뢰할 수 있는 정보 생태계를 만드는 데 한 걸음 다가가길 바란다. 이 책을 덮는 순간 AI 팩트체크는 단순한 자동화 도구가 아니며, 최종적 맥락 해석과 사회적 책임은 여전히 인간 몫이라는 점을 확인할 수 있을 것이다.

참고문헌

Brown, T. B.(2020). Language models are few-shot learners. https://arxiv.org/abs/2005.14165 [Accessed: 2026.1.21].

CLEF(2023). CheckThat! Lab overview: Automatic fact checking. https://checkthatlab.org[Accessed: 2025.8.14].

Graves, L.(2016). *Deciding what's true: The rise of political fact-checking in American journalism.* Columbia University Press.

Graves, L.(2018). Understanding the promise and limits of automated fact-checking. Reuters Institute for the Study of Journalism.

Hassan, N. et al.(2017). ClaimBuster: The first-ever end-to-end fact-checking system. *Proceedings of the VLDB Endowment, 10*(12), pp.1945~1948.

Hassan, N. et al.(2017). Toward automated fact-checking: Detecting check-worthy factual claims by ClaimBuster. *Proceedings of the 23rd ACM SIGKDD International Conference on Knowledge Discovery and Data Mining (KDD '17)*, pp.1803~1812. https://doi.org/10.1145/3097983.3098131 [Accessed: 2026.1.21].

Klemt, M. et al.(2025). DeepFake Doctor: Diagnosing and treating audio-video fake detection. arXiv:2506.05851

Li, H. et al.(2025). Towards unified multimodal misinformation detection in social media: A benchmark dataset and baseline. arXiv [Preprint], arXiv:2509.25991v1. https://arxiv.org/abs/2509.25991 [Accessed: 2026.1.21].

OpenAI et al.(2023). GPT-4 technical report.

https://arxiv.org/abs/2303.08774 [Accessed: 2025.9.1].

Paris, B. & Donovan, J.(2019). Deepfakes and cheap fakes. *Data & Society.*

Pew Research Center(2024). State of the news media. Washington, DC: Pew Research Center.

Peng, Y. et al.(2025). Large Language Model-Informed Feature Discovery Improves Prediction and Interpretation of Credibility Perceptions of Visual Content. arXiv [Preprint]. https://arxiv.org/abs/2504.10878 [Accessed: 2026.1.21].

Sainato, M.(2024). Consultant behind deepfaked Biden robocall fined $6m as new charges filed. The Guardian, 23 May. https://www.theguardian.com/us-news/article/2024/may/23/biden-robocall-indicted-primary [Accessed: 2026.1.21].

Thorne, J. et al.(2018). FEVER: a Large-scale Dataset for Fact Extraction and VERification. *Proceedings of NAACL-HLT 2018.*

Wardle, C. & Derakhshan, H.(2017). Information disorder: Toward an interdisciplinary framework for research and policy making. Council of Europe.

Westerlund, M.(2019). The emergence of deepfake technology: A review. *Technology Innovation Management Review, 9*(11), pp.39~52. https://timreview.ca/article/1282 [Accessed: 2026.1.21].

01
허위 정보와 팩트체크 저널리즘

팩트체크는 검증 가치가 높은 발언을 선별하는 단계에서 시작된다. 이를 검증 가능한 근거로 평가하고 그 과정을 투명하게 공개하는 핵심 언론 활동으로 자리 잡았다. 전 세계 팩트체크 기관들은 비편향성, 정확성, 투명성, 출처 공개, 오류 수정이라는 공통 원칙을 공유하면서도 각자 환경과 목적에 따라 선별 우선순위를 다르게 설정했다.

기후 위기와 인공지능?

허위 정보 홍수 시대

우리는 정보가 넘쳐나는 세상에 살고 있다. 검색 한 번, 스크롤 몇 번으로 세상의 거의 모든 소식을 바로 접할 수 있다. 그러나 이 편리함은 새로운 위험을 불러왔다. 사실 아닌 정보가 거침없이 퍼지는 시대가 온 것이다.

SNS는 이 흐름 중심에 있다. 사람들은 이제 신문이나 방송보다 유튜브나 인스타그램, 페이스북, 틱톡 등에서 뉴스를 먼저 접한다(Pew Research Center, 2024). 플랫폼 알고리즘은 사용자가 오래 머물도록 자극적이거나 분노를 일으키는 콘텐츠를 우선적으로 보여 준다(Chung & Wihbey, 2024). 그 결과 검증되지 않은 글과 영상이 더 빨리, 더 넓게 퍼지고 있다.

불행하게도 허위 정보는 진실보다 빠르다. 미국 MIT 연구팀은 거짓 뉴스가 진짜 뉴스보다 최대 10배 빠르게 확산할 수 있다고 발표했다(Pirg, 2023). 사람들은 공포나 분노를 불러일으키는 게시물을 더 많이 공유한다. 이런 정서적 자극은 허위 정보 전파를 가속한다(Arif et al., 2020). 진실이 뒤늦게 검증돼도 이미 많은 이들이 가짜를 본 뒤다. 결과적으로 '먼저 퍼지고 나중에 정정되는' 구조가 굳어지고 있다.

한국도 예외가 아니다. 한국언론진흥재단(KPF) 조사

에 따르면, 국민 77%가 SNS에서 허위 정보를 본 경험이 있다고 답했다(KPF, 2024). 한국 연구진은 유튜브와 커뮤니티에서 가짜뉴스가 실제 뉴스보다 더 많은 '좋아요'를 받는 패턴을 발견했다(Sheehy, 2024). 정치적 양극화가 이런 허위 정보 네트워크와 결합하면서 사회 갈등을 더 크게 키우고 있다.

팩트체크 저널리즘

팩트체크 저널리즘은 공적 발언이나 보도, 온라인 콘텐츠 속 사실 주장(Claim)을 검증 가능한 근거로 평가하고 그 과정을 공개하는 언론 활동이다. 즉, 검증 가능한 발언에 근거를 제공하고 분석하는 독립적 언론 관행이다(Graves, 2016).

팩트체크 저널리즘은 단순히 사실을 나열하는 것이 아니라 민주주의 공론장을 만든다. 여기서 핵심은 결과만이 아니라 검증 과정과 책임 있는 판정까지 투명하게 공개해야 한다는 점이다(IFCN, 2023).

팩트체커는 사실 검증을 위해 정치인 발언이나 정부 통계, 기사, 시민, 단체가 올린 게시물까지 넓게 다룬다. 목표는 명확하다. 잘못된 정보로부터 대중을 보호하고 공적 담론 질을 높이며, 사실에 근거한 정책 토론을 가능하게 만드는 것이다. 이를 위해 팩트체커는 주장과 근거 사이 연결을 드러내고, 근거의 한계까지 설명해 독자가 스스로 판단할 수 있게 돕는다.

팩트체크는 1920~1930년대 출판 전 콘텐츠 검수 목적으로 탄생했다. 당시 미국 시사·교양지는 전문 팩트체커를 두고 이름, 날짜, 수치, 인용을 하나씩 확인했다. 저널리즘 본질은 검증의 규율이라는 직업 윤리를 세우는 데 중요한 역할을 했다(Graves, 2016).

오늘날 이 전통은 뉴스뿐 아니라 온라인, 블로그, 영상 콘텐츠 등으로 확장됐다. 이미 세상에 퍼진 발언이나 보도 정확성을 공개 평가하고, 근거와 판정을 제시하는 외부형 팩트체크 형태로 발전했다. 시사·교양지 품질 검사에만 활용되던 팩트체크가 공론장을 바로잡는 독립 기사 형식으로 진화한 것이다. 공개적 평가와 설명을 통해 허위와 오류를 바로잡는 기사 양식까지 포함한다.

팩트체크 검증 기준

팩트체크는 "무엇을 검증할 것인가"에서 시작된다. 현재 IFCN은 구체적인 검증 기준을 제시하지는 않았다. 대신 비편향성을 비롯한 정확성, 투명성, 출처 공개, 오류 수정이라는 다섯 가지 기본 원칙을 규정했다(IFCN, 2023).

또 팩트체커는 어떤 발언을 검증 대상으로 삼는지 그 이유와 검증 방법론을 공개해야 한다고 명시했다. 이는 단순히 흥미로운 주장을 팩트체크하는 것이 아니라 도달 범위와 공익성을 신중히 고려해야 함을 의미한다.

현재 검증 기준은 각 팩트체크 기관과 학계가 발전시켰다. 특히 학계와 기술 연구자는 팩트체크 과정을 '체크워시니스(check-worthiness)'라는 개념으로 구체화했다. 체크워시니스는 문장이 검증할 가치가 있는지 평가하는 틀이다. 그레이브스(Graves, 2016)는 팩트체크 첫 단계가 검증 가치가 높은 발언을 선별하는 것이라고 주장했다. 이를 자동화하기 위한 국제 연구 프로젝트도 꾸준히 이뤄지고 있다. 대표적으로 유럽에선 매년 진행되는 'CLEF CheckThat!' 과제가 대표적이다(CLEF, 2023). 이 과제는 뉴스 기사나 연설에서 검증 가치가 높은 발언을 기계가 탐지하도록 설계하는 프로젝트로 팩트체커가 작업 우선순위를 정하는 데 도움 준다.

실제 팩트체크 기관들은 공통된 원칙을 공유하지만 각자 환경과 목적에 따라 세부 우선순위를 다르게 설정한다. 기본적으로 발언이 단순한 의견인지, 아니면 증거로 확인할 수 있는 사실 주장인지가 가장 중요하다. 미국 폴리티팩트(PolitiFact)는 "검증 가능한 사실에 뿌리를 둔 발언인지"를 최우선 기준으로 삼는다(PolitiFact, 2024).

공익성과 사회적 영향도 판단 요소다. 영국 풀팩트(FullFact)는 사회적 피해가 크거나 공익적 의미가 큰 발언을 우선 검증한다(Full Fact, 2024). 확산성과 주목도 역시 중요한 잣대다. 미국 팩트체크.org(FactCheck.org)는 이미 널리 퍼지거나 급속히 바이럴되는 허위 정보를 집중 검증한다(FactCheck.org, 2024).

오해를 부를 가능성이나 오류 위험도 기준이다. 폴리티팩트는 발언이 사람들을 혼란스럽게 만들 가능성 있는지도 평가 기준에 넣었다(PolitiFact, 2024). 발언 명료성과 구체성 역시 검증 기준에 영향 준다. 날짜나 수치, 장소처럼 구체적이고 명확한 발언일수록 검증 우선순위가 높아진다. 학계에선 이를 "전문 팩트체커 검증이 필요한 정도(statement requires professional fact-checking)"라 칭한다(CLEF, 2023).

이처럼 전 세계는 팩트체크 저널리즘을 공적 장치로 주목했다. 검증 가능한 주장에 근거를 제시하고, 과정과 책임을 공개하는 투명한 보도는 민주주의적 토론을 지탱하는 핵심이 된다는 이유에서다.

그러나 생성형 AI를 활용한 허위 콘텐츠가 폭발적으로 늘어나면서, 기존 팩트체커가 모든 정보를 감당하기 어려운 상황이 됐다. 텍스트뿐 아니라 이미지와 영상, 음성을 결합한 허위 정보가 동시에 쏟아지면서 검증 대상의 양과 형태 모두가 과거와는 비교할 수 없을 만큼 복잡해졌기 때문이다.

물론 팩트체크 시스템에도 일부 자동화 도구가 도입되긴 했다. 다만 이는 보조적 수준에 머물러 있다. 인간 팩트체커가 자료를 수집하고 판단하는 기존 구조로는 실시간으로 확산하는 허위 정보의 속도와 규모를 따라잡기 어렵다. 사실이 확인되기 전 이미 허위 정보가 광범위하게 퍼지는 일이 반복되고 있는 실정이다.

언론학계에서도 이 같은 지적은 꾸준히 제기됐다. 학자들은 팩트체킹은 잘못된 정보를 막는 효과적인 전략이 될 수 있지만, 온라인 상 압도적인 정보량 때문에 현실 세계에서 이를 구현하기는 어렵다는 점을 짚었다 (DeVerna et al., 2024).

팩트체크용 자동화 도구가 있어도 문제라는 지적도 이어지고 있다. 학계는 현재 팩트체킹은 노동집약적이며 이 때문에 확장과 속도에 제한이 있다는 점을 꼬집었다(Sehat et al., 2024).

이에 전 세계 뉴스룸에선 팩트체크 방식 자체를 다시 고민하기 시작했다. 더 빠르고 넓은 범위에서 의심 신호를 감지하고, 검증 우선순위를 설정할 수 있는 도구가 필요해진 것이다. 그 결과 팩트체크 영역에서도 AI 기술을 단순 자동화가 아닌 핵심 인프라로 활용하려는 움직임이 각국 뉴스룸에서 본격화되고 있다.

참고문헌

한국언론진흥재단(Korea Press Foundation, 2021). "한국언론진흥재단, '2021 소셜미디어 이용자 조사' 주요 결과 발표". https://www.kpf.or.kr/front/board/boardContentsView.do?board_id=246&contents_id=62666fac70c2463c879c3a34fc12b364 [Accessed: 2026.1.21].

Arif, A. et al.(2020). The spread of misinformation in social networks: Emotional contagion and virality. https://arxiv.org/abs/2004.10399 [Accessed: 2025.8.5].

Associated Press(2024). South Korea fights deepfake porn with tougher punishment and regulation. Associated Press, 6 November. https://kesq.com/news/2024/11/06/south-korea-fights-deepfake-porn-with-tougher-punishment-and-regulation/ [Accessed: 2026.1.21].

Chung, M. & Wihbey, J.(2024). The algorithmic knowledge gap within and between countries: Implications for combatting misinformation. *Harvard Kennedy School (HKS) Misinformation Review, 5*(4). https://misinforeview.hks.harvard.edu/article/the-algorith

mic-knowledge-gap-within-and-between-countries-implications-for-combatting-misinformation/ [Accessed: 2026.1.21].

CLEF(2023). CheckThat! Lab. https://checkthat.gitlab.io/clef2023 [Accessed: 2026.1.21].

DeVerna, M. R. et al.(2024). Fact-checking information from large language models can decrease headline discernment. *Proceedings of the National Academy of Sciences of the United States of America, 121*(50).

FactCheck.org(2024). Our process (methodology and principles). Annenberg Public Policy Center. https://www.factcheck.org/our-process/ [Accessed: 2026.1.21].

Full Fact(2024). How we choose what to check. London: Full Fact.

Graves, L.(2016). *Deciding what's true: The rise of political fact-checking in American journalism.* Columbia University Press.

IFCN(2023). IFCN Code of principles. https://ifcncodeofprinciples.poynter.org/ [Accessed: 2026.1.21].

Keepnet Labs(2025). Deepfake statistics and trends 2025.

Moon Sehat, C., et al.(2024). Misinformation as a harm: structured approaches for fact-checking prioritization. Hacks/Hackers USA; Stanford University; University of Washington; Tattle Civic Technologies.

Pew Research Center(2025). Social media and news fact sheet. Washington, DC: Pew Research Center, 25 September. https://www.pewresearch.org/journalism/fact-sheet/social

-media-and-news-fact-sheet/ [Accessed: 2026.1.21].

PolitiFact(2025). The principles of the Truth-O-Meter: How we fact-check. PolitiFact. https://www.politifact.com/article/2018/feb/12/principles-truth-o-meter-politifacts-methodology-i/ [Accessed: 2026.1.21].

Sheehy, B. et al.(2024). Truths and tales: Understanding online fake news networks in South Korea. *Journal of Asian and African Studies, 60*(4).

U.S. Public Interest Research Group Education Fund(PIRG} (2023). How misinformation on social media has changed news. https://pirg.org/edfund/articles/misinformation-on-social-media/ [Accessed: 2026.1.21].

02
AI 팩트체크

AI는 허위 정보를 더 정교하게 만든다. 그동안 허위 정보가 텍스트나 단순 이미지에 머물렀다면, 지금은 이미지 · 음성 · 영상이 결합된 멀티모달 형태로 빠르게 퍼지고 있다. 이에 대응하기 위해 팩트체크는 기존 자동화 시스템에서 한 단계 더 발전해 AI를 탑재하기 시작했다.

노래하는 AI 보컬?

AI, 허위 정보를 더 정교하게

생성형 AI는 허위 정보 모습을 근본적으로 바꿨다. 허위 정보가 텍스트나 단순 이미지에 머물렀지만 이젠 영상과 음성 형태도 심심찮게 찾아볼 수 있다. 누구나 클릭 몇 번만으로 실제 인물이 말하거나 행동하는 것처럼 보이는 콘텐츠를 제작할 수 있는 시대가 왔다.

대표적인 사례가 딥페이크다. 딥페이크 기술은 얼굴뿐 아니라 목소리, 표정, 몸짓까지 정밀하게 합성한다. 2024년 전 세계에 보고된 딥페이크 사례는 전년 대비 257% 증가했다. 2025년 1분기 보고 건수만 해도 179건으로, 이미 2024년 전체 수치를 넘어섰다(Keepnet Labs, 2025; KPMG, 2024).

딥페이크 등 AI 기반 허위 정보는 경제적 피해도 유발한다. 한 조사에 따르면 전 세계 기업 절반이 딥페이크 사기 피해를 경험한 것으로 나타났다(Rgula, 2024). 피해 금액은 기업당 평균 수십만 달러에 달했다. 한 설문에서는 응답자 74%가 앞으로 딥페이크 공격이 더 심각해질 것이라고 내다봤다(IRONSCALES, 2024).

문제는 이런 기술이 단일 매체에 머무르지 않는다는 점이다. 허위 정보는 텍스트와 이미지, 영상, 음성을 한데 섞는 멀티모달(multimodal) 형태로 진화했다. 학계는 멀티모달 허위 정보가 기존 단일 형태보다 훨씬 탐지하기 어렵다고 지적한다(Shen et al., 2025; Liu et al., 2025). 2023~2024년 사이 온라인에서 발견된 사기형 딥페이크 콘텐츠는 4배 증가했으며, 2023년 한 해에만 약 50만 건 딥페이크가 SNS에 공유됐다는 분석도 나왔다.

이미 미국은 멀티모달 허위 정보로 인한 심각한 혼란을 겪고 있다. 2024년 미국 대선을 앞둔 조 바이든 전 대통령 목소리를 본뜬 가짜 로보콜이 뉴햄프셔 유권자들에게 퍼진 사건이 대표적이다. 이 전화는 "투표하지 말고 11월까지 기다리라"는 거짓 메시지를 전달한 것으로 드러났다. 사건 배후인 정치 컨설턴트는 기소됐으며, 연방통신위원회(FCC)는 벌금 600만 달러(약 84억 1300만 원)를 부과했다(The Guardian, 2024).

이런 변화는 온라인 정보 환경을 더욱 혼란스럽게 만들었다. 공포나 분노를 자극하는 합성 영상과 음성은 사용자 관심을 끌고, SNS 알고리즘은 이를 더 널리 퍼뜨렸다. 결과적으로 허위 정보는 과거보다 더 빠르게, 더 넓게, 더 정교한 형태로 확산하고 있다. 기존 단순 텍스트 기반 팩트체크만으로는 이 속도를 따라가기 어렵다.

팩트체크, '느리고 무거운' 이미지 벗다

전통 팩트체크는 오랫동안 사람 손에 의존했다. 기자와 팩트체커는 발언을 기록하고, 근거 자료를 직접 찾아 사실 여부를 판별했다. 이런 과정은 긴 시간과 높은 노동 강도를 요구했다. 속보 경쟁이 치열한 뉴스 환경에서 팩트체크가 "느리고 무거운 보도"라는 비판을 받은 이유다(Graves, 2016).

SNS와 동영상 플랫폼, 메신저를 통한 정보 생산과 유통이 폭발적으로 늘어난 디지털 시대는 이런 한계를 더 심화했다(Pew Research Center, 2024). 콘텐츠는 정치적 양극화와 사회 분열을 심화했다(Wardle & Derakhshan, 2017). 전통적 방식의 팩트체크만으로 허위 정보 확산 속도와 범위를 감당하기 어렵다는 지적이 커졌다.

이런 상황에서 팩트체커들은 더 많은 데이터를 더 빠르게 검증해야 하는 압박을 받았다. 그러나 기존 수작업 방식은 실시간 대응이 어렵고, 다언어 · 다매체 자료를 한 번에 처리하기 힘들었다. 이를 보완하기 위해 자동화 팩트체크(Automated Fact-checking) 연구가 2010년대 중반부터 시작됐다. 언론학과 컴퓨터 과학이 만나 자연어 처리(NLP)와 머신러닝(ML)을 활용하는 시도가 이어졌다(Graves, 2018).

대표적 연구 성과는 미국 텍사스대 연구진의 클레임버스터다. 이 시스템은 정치 토론에서 나온 발언을 실시간 감지하고 검증할 가치가 있는 주장인지 자동 판별할 수 있다(Hassan et al., 2015). 클레임버스터는 2016년 미국 대선 기간에 활용됐다. 언론사와 팩트체커들은 이를 통해 대선 토론에서 쏟아지는 발언 중 어떤 문장을 먼저 검증할지 결정했다. 실시간으로 "체크할 만한 발언"을 찾아주는 도구로 주목받았다(Graves, 2018).

그러나 클레임버스터 한계는 분명했다. 우선 맥락 이해 부족이 가장 큰 문제였다. 이 시스템은 문장 속 풍자나 은유, 맥락적 사실 왜곡을 인식하지 못했다(Hassan et al., 2017). 근거 수집 단계 자동화도 제한적이었다. 문장이 검증할 만한지 알려줄 수는 있어도, 신뢰할 수 있는 1차 자료를 직접 찾아주는 기능은 미흡했다. 정치·문화적 맥락을 이해하거나 최신 데이터를 반영하는 데도 한계가 있었다(Graves, 2018). 결과적으로 클레임버스터는 팩트체커의 선별 작업을 보조했지만 그 이상의 업무를 할 수 있는 수준은 아니었다.

팩트체크, AI 옷 입다

2018년 이후 딥러닝과 구글 트랜스포머 모델 '버트

(BERT)'가 등장하면서 팩트체크 기술은 한 단계 더 발전했다. 이때부터 문장의 의미를 좀 더 정확히 파악하고 데이터베이스(DB)에서 근거 자료를 찾아 연결하려는 연구가 활발해졌다. 유럽서 진행된 'FEVER(Fact Extraction and Verification)과 CLEF CheckThat! 과제가 대표적이다(Thorne et al., 2018; CLEF, 2023). 다만 이때까지도 속도와 정확성 이슈로 실제 뉴스룸에서 AI 팩트체크가 바로 활용되진 않았다.

본격적인 AI 팩트체크 활용은 2022년부터다. 오픈AI의 GPT-3, GPT-3.5, GPT-4가 등장하면서 팩트체크 도구도 기존 ML을 넘어 AI 기반으로 업그레이드됐다(OpenAI, 2020; 2023). 이에 북미와 유럽의 언론사와 팩트체크 전문 기관은 팩트체크에 생성형 AI를 도입하기 시작했다. 팩트체크가 단순 문장 선별을 넘어 근거 수집과 요약, 멀티모달 콘텐츠 분석까지 가능해졌다.

현재 AI는 팩트체크 과정의 여러 단계에 개입한다. 우선 주장 탐지 단계에서 대규모 뉴스 · SNS · 영상 콘텐츠를 실시간 모니터링하며, 검증 가능한 발언이나 사실 주장 후보를 자동 추출한다. 이후 신뢰할 수 있는 DB, 공문서, 과거 보도 기록 등에서 관련 근거를 검색 · 분류 · 정리한다.

다음으로 수집된 근거와 주장을 비교·분석해 진위 가능성을 산출한다. 마지막으로 멀티모달 검증 단계에서 이미지·영상·음성 등 비정형 정보의 위변조 여부를 판별한다.

이를 이해하려면 우선 AI 팩트체크가 실제 어떻게 작동하는지 살펴볼 필요가 있다. AI가 어떤 방식으로 발언을 탐지하고, 근거를 수집하며, 최종 판정을 내리는지를 이해해야 기술적 가능성과 한계를 평가할 수 있을 것이다.

참고문헌

CLEF(2023). CheckThat! Lab at CLEF 2023. https://clef2023.clef-initiative.eu/ [Accessed: 2025.9.3].

Deepfake-Eval-2024(2024). A multi-modal in-the-wild benchmark for deepfake detection. arXiv preprint. https://arxiv.org/ [Accessed: 2025.9.10].

Full Fact(2023). Full Fact's automated fact checking. https://fullfact.org/automated/ [Accessed: 2025.8.14].

Graves, L.(2016). *Deciding What's True: The Rise of Political Fact-Checking in American Journalism.* Columbia University Press.

Graves, L.(2018). Understanding the promise and limits of automated fact-checking. Reuters Institute for the Study of Journalism, University of Oxford

Hassan, N. et al.(2017). ClaimBuster: The first-ever end-to-end fact-checking system. *Proceedings of the VLDB Endowment, 10*(12), pp.1945~1948.

Hassan, N. et al.(2017). Toward automated fact-checking: Detecting check-worthy factual claims by ClaimBuster. *Proceedings of the 23rd ACM SIGKDD International Conference on Knowledge Discovery and Data Mining,* pp.1803~1812.

IRONSCALES(2024). Deepfake survey research report.

Keepnet Labs(2025). Deepfake statistics & trends 2025.

KPMG(2024). Deepfake – How real is it?. *KPMG Insights Report.*

Liu, Y. et al.(2025). The risks of multimodal generative AI models and misinformation: Policy strategies for the high-risk domains of healthcare and journalism. UCLA Computer Science Department Working Paper. https://saadiagabriel.com/annotated-The_Risks_of_Multimodal_Generative_AI_Models_and_Misinformation__Policy_Strategies_for_the_High_Risk_Domains_of_Healthcare_and_Journalism-1.pdf [Accessed: 2026.1.21].

OpenAI(2020). Introducing GPT-3. https://openai.com/ [Accessed: 2025.8.14].

OpenAI(2023). GPT-4 technical report. https://openai.com/research/ [Accessed: 2025.8.14].

Paris, B. & Donovan, J.(2019). Deepfakes and cheap fakes. *Data & Society.*

Pew Research Center(2024). News consumption on social media. Washington, DC: Pew Research Center

PolitiFact(2024). PolitiFact AI tools and fact-checking.

https://www.politifact.com/ [Accessed: 2025.9.10].

Regula(2024). Deepfake trends 2024. Regula Forensics.

Shen, Z. et al.(2025). Modeling human responses to multimodal AI content. arXiv preprint. https://arxiv.org/ [Accessed: 2025.8.15].

The Guardian(2024). Consultant behind deepfaked Biden robocall fined $6m as new charges filed. https://www.theguardian.com/us-news/article/2024/may/23/biden-robocall-indicted-primary [Accessed: 2025.8.16].

Thorne, J. & Vlachos, A.(2018). Automated Fact Checking: Task formulations, methods and future directions. *Proceedings of the 27th International Conference on Computational Linguistics*, pp.3346~3359.

Thorne, J. et al.(2018). FEVER: A large-scale dataset for fact extraction and verification. *Proceedings of NAACL-HLT 2018*, pp.809~819.

Wardle, C. & Derakhshan, H.(2017). Information disorder: Toward an interdisciplinary framework for research and policy making. Council of Europe.

03
AI 팩트체크 작동 원리

AI 팩트체크는 매일 쏟아지는 방대한 온라인 정보 속에서 검증할 만한 주장을 자동 탐지하고, 최신 근거를 의미 기반으로 수집해 비교 · 분석한다. 텍스트뿐 아니라 이미지 · 영상 · 음성까지 검증 범위를 확장했다. 다만 맥락 해석과 최종 판단은 여전히 사람이 맡는다.

인공지능과 편향?

주제 선정

팩트체크 첫걸음은 '검증할 만한 주장'을 찾아내는 일이다. 하루에도 수억 건의 기사와 SNS 게시글, 영상 자막, 실시간 채팅이 쏟아진다. 기자가 이를 모두 읽을 수는 없다. 그래서 AI가 대신 방대한 문장 속에서 검증 가치가 있는 발언을 걸러낸다.

작업은 이렇게 진행된다. 먼저 크롤러라는 컴퓨터 프로그램이 인터넷을 돌아다니며 기사와 게시글, 영상 자막을 수집한다. 이어 문장 분할 도구가 이를 한 문장 씩 잘게 나눈다. 이렇게 만들어진 문장들은 AI의 분석 대상으로 넘어간다.

AI는 각 문장을 읽으며 주어와 동사, 숫자, 날짜, 장소 같은 핵심 요소를 추출한다. 그런 다음 그 문장이 사실로 확인할 만한지 평가한다. 예를 들어 "지난해 한국 GDP가 5% 늘었다"는 구체적인 수치와 시점이 있으면 검증 가치가 있다고 판단한다. 반면 "올해는 분위기가 좋아졌다"처럼 모호하고 주관적인 표현은 걸러낸다.

이 과정은 사람의 눈과 손을 대신해 방대한 자료를 선별하는 일종의 첫 관문이다. AI가 중요한 문장을 미리 걸러 주면, 팩트체커나 기자는 핵심 주장만 빠르게 확인할 수 있다. 결과적으로 인간은 모든 정보를 일일이 읽지 않아도 되고, 검증에 필요한 시간과 노력을 줄일 수 있다.

이전에는 단어 빈도-역문서 빈도(TF-IDF) 등 통계적 특징을 뽑아 서포트 벡터 머신(SVM)이나 로지스틱 회귀로 이를 분류했다. 지금은 사전 학습된 언어 모델인 구글 버트 또는 '로버타(RoBERTa)' 등을 활용하는 게 표준이다(Barrón-Cedeño et al., 2024). 이 모델은 '검증 필요' 또는 '불필요'라는 두 가지 라벨로 문장을 구분한다.

최근 학계에선 새로운 연구도 진행 중이다. 대통령 선거처럼 갑자기 변동하는 환경에서도 주제 선별을 무리 없이 할 수 있는 모델 개발이 목표다. 모델이 훈련 때 학습하지 못한 주제의 주장도 식별하도록 하기 위한 시도다. 모델에 관련 예시를 소량(few-shot) 학습시키고 데이터 증강 기법을 활용해 이에 대처하는 식이다(Abumansour et al., 2023).

최종적으로 AI는 문장의 우선순위를 매긴다. 화자 신뢰도, 숫자나 날짜 포함 여부, 링크 존재 여부 등을 참고해 점수를 매긴다. 이를 통해 인간 팩트체커가 먼저 검토해야 할 '핵심 주장'을 빠르게 선별할 수 있다(Hassan et al., 2017).

근거 수집·비교

팩트체크 해야 할 대상이 정해지면 AI는 본격적으로 근거를 수집한다. 정부 보고서를 비롯한 공공 데이터, 학술 논문, 국제기구 통계, 언론 기사, 전문 연구기관 보고서를 찾는다.

AI는 단순히 같은 단어가 들어 있는 문서만 모으지 않는다. 문장 의미까지 이해해 유사한 개념을 함께 검색하는 식이다. 예를 들어 'GDP 성장률'을 'economic growth rate'로, '실업률'을 '고용 감소율'과 연결해 찾아낸다.

이렇게 의미를 이해하며 검색하는 과정은 기존 키워드 추출 방식만으로는 어렵다. 기존 팩트체크 자동화는 주로 키워드 기반 검색과 사전 학습된 분류기를 활용해 왔다. 그러나 이런 방식은 최신 정보 반영이 어렵고, 검색된 자료가 제한적이었다.

검색증강생성(RAG, Retrieval-Augmented Generation)은 이런 약점을 크게 개선했다(Lewis et al., 2020). RAG는 외부 DB에서 의미 기반으로 관련 문서를 찾아 요약한다. 덕분에 최신 정보가 즉시 반영되고, 오류가 줄어들며, 답변 속에 출처와 인용이 함께 제공된다. 이를 통해 AI는 세계은행 보고서나 해외 언론 기사처럼 다른 언어로 된 자료도 한 번에 수집할 수 있다. 오래된 아카이

브까지 탐색해 놓치기 쉬운 근거도 찾아낸다.

이 기술은 사실성 · 설명력 · 효율성까지 높여 AI 팩트체크 신뢰도와 활용도를 크게 키웠다(Schlichtkrull et al., 2024). 실제 팩트체크 연구에서도 RAG 기술 효과가 입증됐다. RAG 기반 파이프라인이 증거 검색과 요약에서 높은 성능을 보였다는 발표도 있었으며, 기존 키워드 위주 검색보다 정확도와 최신성에서 우수하다는 평가를 받고 있다(Schlichtkrull et al., 2024).

비교·검증

자료가 모이면 AI는 주장과 근거를 나란히 놓고 비교한다. 이를 통해 인간 팩트체커나 기자가 분석해야 할 지점을 빨리 발견하도록 돕는다.

예를 들어 한 정치인이 "지난해 GDP가 5% 성장했다"고 말했다 치자. AI는 공식 통계를 불러와 실제 수치가 2.3%임을 보여 준다. 정치인 발언에 대해 '모순 가능성 높음'이라는 경고도 띄운다. 만약 계산 방식이나 기준 연도, 포함 항목이 다를 수 있으면 '맥락 차이 가능성'을 따로 표시한다. 이에 기자는 단순히 맞다, 틀리다를 넘어 구체적인 맥락을 이해할 수 있다.

이 비교 검증 과정에 활용되는 기술은 자연어 추론

(NLI, Natural Language Inference)'이다. NLI는 두 문장을 비교해 세 가지 관계로 비교한다. 일치(Entailment)와 모순(Contradiction), 중립(Neutral)이다. 예를 들어 "지난해 GDP가 5% 늘었다"와 세계은행 통계의 '성장률은 2.3%였다'를 비교하면 AI는 이를 '모순'으로 판정한다. 반면 'GDP가 증가했다'와 '성장률이 2.3%였다'는 '일치'로 판단한다. 이 과정에서 AI는 '왜 이런 결론에 도달했는가'를 팩트체커와 기자에게 보여 줄 수 있다.

멀티모달 팩트체크

AI 팩트체크는 텍스트를 넘어 사진, 영상, 음성까지 영역을 넓히고 있다. AI는 이미지 포렌식 기술을 활용해 사진 속 그림자 방향, 픽셀 패턴, 압축 흔적을 분석한다. 또 '역이미지 검색' 방식으로 동일하거나 비슷한 이미지가 언제, 어디에 쓰였는지 추적할 수 있다.

영상의 경우 프레임 단위로 인물의 입 모양과 음성이 일치하는지 확인한다. 얼굴 윤곽선이나 배경 경계가 어색한지도 살핀다. 딥페이크 탐지 모델은 주파수 영역의 비정상 패턴을 찾아내거나 생성형 AI가 남긴 미세한 노이즈까지 포착할 수 있다. 음성은 주파수와 억양을 분석해 합성된 목소리를 구별한다. 예를 들어 일정한 톤 유지나 부자연스러운 억양은 합성 음성의 신호로 활용된다(Liu et al., 2024).

2024년 포렌식 연구에 따르면 최신 딥페이크 탐지 모델들은 주파수 영역 노이즈 분석과 입술-음성 싱크 검사를 통해 합성 흔적을 찾아낸다(Liu et al., 2024). 예를 들어 음성 딥페이크 탐지에서 기본 주파수(F0)와 스펙트로그램을 결합해 99.57% 정확도를 달성한 사례가 보고됐다(Lam et al., 2024). 영상도 압축 노이즈 일관성이나 얼굴 움직임의 부자연스러움을 포착해 가짜를 판별한다.

최근 팩트체크 연구는 멀티모달로 확장되는 흐름과 맞물려 있다. 텍스트만 분석하던 기존 방식에서 벗어나 시각 자료까지 해석하는 멀티모달 팩트체크로 발전하고 있는 것이다. 주장 탐지 역시 이 범위를 따라 멀티모달 영역으로 넓어지고 있다. 이를 보여주는 사례가 2025년 공개된 '힌트소프트루스(HINTSOFTRUTH)' 데이터세트다. 이 데이터세트는 실제 또는 합성 이미지와 텍스트 쌍 2만 7000개로 이뤄졌다. 연구진이 이 데이터세트로 실험한 결과 단순 텍스트 모델도 일정 수준의 성능을 보였지만 합성 이미지를 다룰 때는 멀티모달 모델이 훨씬 더 안정적이라는 결과를 제시했다(Van Der Meer et al., 2025).

하지만 최근 보고서는 실제 영상에 합성 음성을 덧입히는 등 모달리티를 넘나드는 위조에 여전히 취약점이 남아 있음을 지적한다(Wang et al., 2025). 이에 AI만으로 결론을 내리는 것은 위험하다. BBC나 폴팩트 같은 기관도 AI가 탐지한 결과를 반드시 사람 기자가 다시 검증해야 한다고 강조한다(BBC, 2024).

AI는 방대한 온라인 정보에서 검증할 주장을 찾아내고, 근거를 수집해 비교·분석하고 있다. 또 텍스트뿐 아니라 이미지·영상·음성까지 추적 범위를 늘리고 있다. 그러나 맥락 해석과 최종 판단은 사람 몫이다. AI는 팩트체크 속도와 범위를 넓히지만 결국 인간과 협력해야 하는 존재다.

참고문헌

Abumansour, A. S. & Zubiaga, A.(2023). Check-worthy claim detection across topics for automated fact-checking. *PeerJ Computer Science, 9*, e1365. https://doi.org/10.7717/peerj-cs.1365

Barrón-Cedeño, A. et al.(2024). Overview of the CLEF-2024 CheckThat! Lab: Check-Worthiness, Subjectivity, Persuasion, Roles, Authorities, and Adversarial Robustness. In Goeuriot, L. et al. Experimental IR Meets Multilinguality, Multimodality, and Interaction. CLEF 2024. Lecture Notes in Computer Science, vol 14959. Springer, Cham. https://doi.org/10.1007/978-3-031-71908-0_2

BBC(2024). What we're doing with AI. BBC News. https://www.bbc.co.uk/aboutthebbc/reports/policies/what-were-doing-with-ai/ [Accessed: 2025.8.14].

Du, Y. et al.(2025). CAD: A general multimodal framework for video deepfake detection via cross-modal alignment and distillation. arXiv [Preprint], arXiv:2505.15233. https://arxiv.org/abs/2505.15233 [Accessed: 2026.1.21].

Hassan, N. et al.(2017). ClaimBuster: The first-ever end-to-end claim spotting system. *Procedings of the VLDB Endowment, 10(12),* pp.1945~1948.

Jiang, Z. et al.(2023). Combining LLMs with retrieval for reliable COVID-19 fact-checking. https://arxiv.org/abs/2306 [Accessed: 2025.9.10].

Karpukhin, V. et al.(2020). Dense passage retrieval for open-domain question answering. *Proceedings of the 2020 Conference on Empirical Methods in Natural Language Processing (EMNLP 2020).*

Kishore, A. et al.(2025). MultiCheck: Strengthening web trust with unified multimodal fact verification. arXiv preprint, arXiv:2508.05097. https://arxiv.org/abs/2508.05097 [Accessed: 2026.1.21].

Lam, P. et al.(2024). Deepfake audio detection using spectrogram-based feature and ensemble of deep learning models. arXiv preprint, arXiv:2407.01777. https://arxiv.org/abs/2407.01777 [Accessed: 2026.1.21].

Lewis, P. et al.(2020). Retrieval-augmented generation for knowledge-intensive NLP tasks. *Advances in Neural*

Information Processing Systems (NeurIPS 2020).

Liu, P. et al.(2024). Evolving from single-modal to multi-modal facial deepfake detection: a survey. arXiv preprint, arXiv:2406.06965. https://arxiv.org/abs/2406.06965 [Accessed: 2026.1.21].

Schlichtkrull, M. et al.(2024). The Automated Verification of Textual Claims (AVeriTeC) Shared Task. *Proceedings of the Seventh Fact Extraction and VERification Workshop (FEVER)*, pp.1~26. https://doi.org/10.18653/v1/2024.fever-1.1

Van Der Meer, M. et al.(2025). HintsOfTruth: A Multimodal Checkworthiness Detection Dataset with Real and Synthetic Claims. *Proceedings of the 63rd Annual Meeting of the Association for Computational Linguistics, 1(Long Papers).* pp.31274~31291. doi:10.18653/v1/2025.acl-long.1510.

04
AI 팩트체크와 SNS

SNS는 AI 생성 콘텐츠를 구분하기 위해 라벨 · 워터마크 · 출처 인증을 도입하고, 외부 팩트체커와 AI를 결합해 허위 정보 확산을 억제한다. 메타 · 유튜브는 AI 탐지와 추천 알고리즘을 활용해 노출을 줄이고, X는 사용자 참여형 검증과 AI 매칭을 결합한다. 그러나 워터마크가 쉽게 무력화될 수 있고, 표현의 자유 침해 논란과 플랫폼별 표식 · 정책 불일치, 국제적 표준 부재가 한계로 지적된다.

청각장애인과 AI?

워터마크, AI 팩트체크 길잡이

SNS 플랫폼은 AI로 만든 콘텐츠가 무엇인지 알리기 위해 라벨이나 워터마크, 출처 인증 장치를 도입하고 있다. 사용자에게 콘텐츠가 인공적으로 생성됐음을 인식할 수 있게 하려는 조치다.

구글 딥마인드는 '신스(Synth)ID'라는 워터마크 기술을 만들었다. 이 워터마크는 AI로 생성된 이미지나 영상, 오디오 등에 눈에 보이지 않게 삽입돼 AI 탐지 도구로만 식별 가능하다. 크롭이나 압축 후에도 탐지 가능하도록 설계됐다(Google DeepMind, 2023).

유튜브도 실사처럼 보이는 AI 생성 콘텐츠를 업로드할 때 제작자는 'AI로 수정함(modified with AI)' 또는 '수정 · 합성 콘텐츠(altered or synthetic content)' 체크박스를 의무적으로 표시해야 한다. 영상 플레이어와 설명란에 'AI 사용됨' 라벨도 자동으로 붙는다. 특히 뉴스나 선거, 건강, 금융 등 민감 주제는 더 눈에 띄게 표시됐다. 출처 인증(C2PA)도 적용됐다. 편집되지 않은 실제 촬영 영상에는 '카메라 촬영본(Captured with a camera)' 또는 '원본(Authentic)' 라벨을 적용해 출처를 명확히 기록하게 설정한 상태다.

메타도 2024년부터 AI 생성 콘텐츠에 '메이드 위드 AI'

또는 'AI 인포' 라벨을 부착하기 시작했다. 이 라벨은 플랫폼이 이미지, 영상, 오디오 콘텐츠에 대해 AI 생성 여부를 감지하거나 업로더가 직접 밝힐 때 적용된다. 또 메타 자체 AI 분류기로 보이지 않은 마커까지 감지한다. AI로 생성한 이미지에는 워터마크를 삽입했으며, 이를 의도적으로 수정·삭제할 수 있게 만들었다(Meta, 2024).

이 같은 라벨, 워터마크, 출처 인증은 단순히 "이 콘텐츠가 AI로 만들어졌다"는 의미를 넘어 AI 팩트체크 핵심 단서가 된다. 보통 AI가 콘텐츠를 검증할 때 반드시 알아야 할 것은 제작 방식이다. 해당 콘텐츠가 사람이 만든 영상인지, AI가 합성한 것인지 미리 알면 AI는 그에 맞는 검증 절차를 적용할 수 있기 때문이다.

예를 들어 유튜브의 "AI 사용됨" 라벨이나 메타의 "메이드 위드 AI" 표식이 콘텐츠에 붙어 있으면, AI는 이미지 포렌식·검색을 더 정밀하게 돌려 합성 흔적이나 왜곡된 정보 여부를 판단할 수 있다(Cao, 2025).

AI와 팩트체커 연합

SNS는 허위 가능성 높은 정보 확산을 줄이고 품질을 끌어올리는 데 주력하고 있다. 이에 두 가지 방법을 채택하고 있다. 첫째는 외부 팩트체커와 협력하는 것이다. 두

번째는 알고리즘으로 허위 콘텐츠 노출 자체를 줄이는 방식이다. 필요한 경우 이를 아예 삭제하기도 한다.

메타는 IFCN 인증 받은 외부 팩트체커와 협업해 게시물 진위를 판정받는다. 팩트체커가 '허위' 또는 '조작', '부분적으로 허위'로 분류하면 그 결과가 즉시 플랫폼 운영 시스템에 반영된다(Meta, 2024). 이 판정이 내려진 게시물은 먼저 경고 라벨이 붙는다. 이후 AI 추천 알고리즘은 해당 콘텐츠 노출을 줄인다. 광고 기능까지 차단돼 게시자가 경제적 이익을 얻지 못하게 한다(Meta, 2025). 해당 계정 운영자가 허위 게시물을 반복적으로 올리면 AI가 패턴을 분석해 메타에 알린다. 메타는 경우에 따라 게시 기능을 일정 기간 제한하기도 한다.

이 과정에서 AI 팩트체크는 세 가지 핵심 역할을 맡는다. 우선 AI가 방대한 게시물을 실시간 살피며 허위 가능성 있는 콘텐츠를 미리 표시한다. 이렇게 선별된 게시물은 팩트체커가 우선 검토할 수 있다. 이후 팩트체커가 내린 판정은 AI를 통해 빠르게 퍼진다.

AI는 허위 판정된 이미지·영상과 유사한 콘텐츠에 라벨 붙인다. 이를 통해 조작물이 다른 글에 재활용돼도 즉시 경고가 적용된다. 또 추천 알고리즘이 AI 신호를 받아 노출 강도를 조정할 수도 있다. 사용자가 허위 게시물을 아예 삭제하지 않더라도 사용자가 접할 기회를 줄이는 식이다. 반복 위반 계정은 AI가 추적해 장기적으로 사용자에 보이지 않게 한다.

AI와 플랫폼, 사용자 협력

SNS는 허위 정보에 대응하기 위해 AI와 사용자 참여를 강화하고 있다. 대표적인 사례가 일론 머스크가 운영하는 'X(옛 트위터)'다. 이 플랫폼에는 '커뮤니티 노트'라는 기능이 있다. 사용자가 의심스러운 게시물을 발견하면, 그 게시물에 사실 확인 정보나 추가 설명을 직접 달 수 있다. 다른 사용자는 이 노트의 유용성과 정확성을 평가한다.

여기서 흥미로운 점은 AI가 이 과정에 참여한다는 것이다. AI는 게시물의 해시값(디지털 지문)과 이미지 특징을 분석해 비슷한 사진이나 글을 찾아낸다. 이렇게 찾아낸 유사 콘텐츠를 이미 작성된 커뮤니티 노트에 자동으로 연결한다. 이 덕분에 같은 조작물이 여러 계정을 통해 재유포돼도 이전에 달린 검증 정보가 함께 따라가면서 맥락이 자동으로 확산한다(X, 2024).

메타 역시 비슷한 접근을 시도하고 있다. 메타는 페이스북과 인스타그램에 지역별 사용자 참여 기반 검증을 확대하면서 AI를 지원 도구로 활용하고 있다. AI는 먼저 의심스러운 게시물을 걸러내고, 기존 팩트체크 기록과 유사한 내용을 찾아내 사용자에게 알린다. 이를 통해 정보 검증 속도를 높이고, 이미 축적된 정보가 널리 활용되도록 돕는다(Meta, 2024). 이런 방식은 단순한 기술적 탐지를 넘어, 사람과 AI가 협력해 허위 정보 확산을 실질적으로 막아내려는 새로운 패러다임이다.

한계

SNS 플랫폼이 AI와 손잡고 허위 정보를 막기 위해 노력하고 있지만 한계가 있다. 우선 라벨과 워터마크 신뢰성이 완벽하지 않다는 점이다. 구글 딥마인드가 개발한 워터마크는 AI가 만든 이미지나 영상, 오디오에 보이지 않게 삽입된다. 하지만 최근 연구들은 간단한 후처리나 작은 변형만으로도 이 워터마크를 지우거나 무력화할 수 있음을 보여 줬다(Fei et al., 2024). 워털루대 연구팀은 '언마커(UnMarker)'라는 도구를 발표하며, 어떤 워터마크도 제거할 수 있다는 사실을 증명했다(Kassis et al., 2025). 완벽하지 않은 워터마크는 AI 팩트체크 과정을 무력화할 수 있다.

표현의 자유와 알고리즘 감쇠(less amplification) 사이 균형도 문제가 있다. 현재 메타와 X는 허위 정보가 발견되면 노출을 줄이는 전략을 쓴다. 이에 SNS 사용자는 어떤 정보가 줄어드는지, 어떤 정보에 덜 접근하고 있는지 등 명확한 상황을 파악할 수 없다. SNS 정책이 사용자에게 명확히 전달되지 않을 수 있다는 것이다. 일각에선 SNS가 이 방식을 통해 여론을 조작할 수 있다는 우려도 나오고 있다(Gillespie, 2024).

국제적 표준의 부재도 문제다. 각 플랫폼은 자체적으로 라벨을 만들고 팩트체크 시스템을 운영하기는 한다. 그러나 이 기준이 플랫폼마다 다르다. 예를 들어 유튜브는 'AI 사용됨'이라는 라벨을 쓰고, 메타는 '메이드 위드 AI'라는 표식을 사용한다. 두 표현은 비슷한 의미지만 적용 방식과 범위가 제각각이다. 이 때문에 AI 모델이 서로 다른 플랫폼 표식을 일관되게 해석하기 어렵다(C2PA, 2023). 결국 글로벌 차원의 통일된 표식 기준이 마련되지 않으면 SNS 속 AI 팩트체크는 파편화될 가능성이 높다.

참고문헌

C2PA(2023). Content provenance and authenticity technical standard. Coalition for Content Provenance and Authenticity.

Cao, L.(2025). Watermarking for AI content detection: A review on text, visual, and audio modalities. arXiv preprint arXiv:2504.03765 doi:10.48550/arXiv.2504.03765.

Dwoskin, E. & Zakrzewski, C.(2024.2.5). Meta tightens rules on AI-generated misinformation ahead of global elections. The Washington Post.

Fei, J. et al.(2024). Wide flat minimum watermarking for robust ownership verification of GANs. *IEEE Transactions on Information Forensics and Security, 19.*

Gillespie, T.(2024). *Content moderation and the politics of visibility.* New Haven, CT: Yale University Press.

Google DeepMind(2023). SynthID: Watermarking and identifying AI-generated content. https://deepmind.google/technologies/synthid/ [Accessed: 20225.8.21].

Gordon, M.(2024.3.12). Meta to expand less-amplification model for false content. Nieman Lab.

Kassis, A. & Hengartner, U.(2025). UnMarker: A Universal Attack on Defensive Image Watermarking. To appear in 2025 IEEE Symposium on Security and Privacy (IEEE S&P). arXiv preprint, arXiv:2405.08363. https://arxiv.org/abs/2405.08363 [Accessed: 2026.1.21].

Meta(2024). Our approach to labeling AI-generated content and manipulated media. https://about.fb.com/news/2024/04/metas-approach-to-labeling-ai-generated-content-and-manipulated-media/ [Accessed: 2025.8.14].

Meta(2025a). Fact-checked misinformation. https://transparency.meta.com/features/approach-to-ranking/content-distribution-guidelines/misinformation

[Accessed: 2026.1.21].
Meta(2025b). How fact-checking works on Meta platforms. https://transparency.meta.com/features/how-fact-checking-works [Accessed: 2026.1.21].
Wikipedia(2024). Community notes. https://en.wikipedia.org/wiki/Community_Notes [Accessed: 2026.1.21].
X(2024). Civic integrity and manipulated media policy. https://help.x.com/en/rules-and-policies/election-integrity-policy [Accessed: 2025.8.14].
YouTube(2024). How we're helping creators disclose altered or synthetic content. https://blog.youtube/news-and-events/disclosing-ai-generated-content/ [Accessed: 2025.8.14].

05

미국 AI 팩트체크

미국은 AI를 활용한 팩트체크에서 활발한 실험과 표준화를 이뤘다. 전통 매체는 학계와 실시간 발언 검증과 자동화 시스템을 개척했다. 구글 · 듀크대는 데이터 표준을 만들었다. 최근에는 뉴스가드나 애드베리파이 같은 스타트업이 등장해 허위 정보 감시, 광고 시장의 브랜드 안전 확보 등으로 영역을 확장하며 AI 팩트체크 산업을 키웠다.

AI 콘텐츠 크리에이터?

전통 팩트체커도 AI 쓴다

미국 언론계는 AI를 단순 편의 도구가 아닌 팩트체크 핵심 인프라로 보고 있다. 이에 팩트체크 전문 매체는 학계와 손잡고 시스템에 AI를 접목하기 시작했다.

초기 프로젝트는 워싱턴포스트에서 나왔다. 워싱턴포스트는 2013년 미국 나이트 재단의 지원을 받아 '트루스텔러(Truth Teller)'라는 실험적 프로젝트를 진행했다(Knight Foundation, 2013). 목표는 정치인의 연설이나 토론 발언을 실시간 분석해 독자에게 진위를 보여 주는 것이다. 당시 언론이 자동화 기술로 사실 검증을 시도한 첫 사례다.

트루스텔러는 방송 영상에서 음성을 추출하고 이를 AI 기술로 텍스트화했다(Washington Post, 2013). 변환된 문장은 자연어 처리(NLP) 모델을 거쳐 검증할 만한 주장으로 분류됐다. 이어 워싱턴포스트가 축적한 팩트체크 DB와 대조됐다. 이를 통해 '사실(True)' '거짓(False)' '오도(Misleading)' 같은 판정이 실시간 표시됐다. 시민들은 방송을 보면서 즉시 검증 결과를 확인할 수 있었다.

예를 들어 한 정치인이 "현 정부가 소득세를 인상했다"고 말하면, 시스템은 이 문장을 텍스트로 추출한다. 이후 기존 DB와 비교해 사실 여부를 판정하고, 화면에 결과를 보여 준다.

당시 AI는 인간 팩트체커 보조 역할을 맡았다. 음성을 텍스트로 바꾸고, 문장에서 검증할 만한 발언을 찾고, 기존 검증 자료와 자동 연결하는 단계에서만 쓰였다. 새로운 주장에 대해 AI가 스스로 진위를 판정하지는 못했다. AI의 기술적 한계도 뚜렷했다. 음성 인식 정확도가 낮았고, 발언 속도 차이나 표현의 미묘한 뉘앙스를 제대로 이해하지 못했다. 그 결과 같은 수치를 두고도 맥락을 잘못 해석하거나 오류를 낼 때가 있었다(Hassan et al., 2017). AI가 단독으로 진위를 판단하기엔 아직 부족하며, 음성 인식과 맥락 파악 문제를 해결해야 한다는 점을 보여 줬다(Washington Post, 2013; Hassan et al., 2017).

미국 스눕스(Snopes)는 가장 최신 사례로 AI 기술을 팩트체크에 안정적으로 도입했다는 평가를 받았다. 2024년 대화형 AI 챗봇 '팩트봇(FactBot)'을 출시하면서다. 팩트봇은 미국 캘리포니아 폴리테크닉 주립대와 아마존웹서비스(AWS)가 협력해 탄생했다. 스눕스는 AI 환각을 막기 위해 출처 명시와 검증 가능한 링크 제공을 가장 중요한 설계 원칙으로 삼았다(Snopes, 2024).

이 챗봇은 사용자와 직접 대화하며 사실 검증을 제공한다(Snopes, 2024). 스눕스는 수십 년간 축적한 검증 데이터와 최신 언어 모델을 이 챗봇에 담았다. 사용자가 특정 내용에 질문하면 팩트봇이 기존 팩트체크 기사와 근거를 자동으로 찾아 제시하는 식이다. 예를 들어 "백신에 마이크로칩이 들어간다"와 같은 루머를 물으면, 팩트봇은 과거 검증 기사와 과학적 근거를 보여 준다.

또 팩트봇은 사용자들이 가장 많이 질문한 주제를 통계적으로 분석할 수도 있다. 팩트체커는 이를 기반으로 대중 관심을 바로 파악할 수 있다.

연구실 데이터, 사실 검증에 활용

미국 AI 팩트체크 발전을 이끈 핵심은 대학 연구실과 언론사, 팩트체크 기관의 협력이라 할 수 있다. 이들은 새로운 데이터 표준을 만들어 사실 검증 자동화 시스템을 강화했다. 대표 사례가 '클레임리뷰(ClaimReview)'와 '미디어리뷰(MediaReview)'다.

보통 컴퓨터는 일반 팩트체크 기사를 이해할 수 없다. 이 문제를 풀기 위해 개발된 것이 클레임리뷰다. 클레임리뷰는 팩트체크 기사에 세 가지 핵심 요소인 주장(claim)과 검증 결과(verdict), 출처(source)를 꼬리표처럼 붙인다. 이렇게 나누면 컴퓨터가 각 요소를 정확히 이해할 수 있다.

작동 방식은 단순하다. 팩트체커가 기사를 쓸 때, 기사 본문과 클레임리뷰 형식의 구조화된 표기를 함께 저장한다. 여기에는 누가, 언제, 어디서, 무엇을 말했다는 정보가 들어간다. 판정이 무엇인지와 그 근거가 담긴 원문 링크도 포함된다.

예를 들어 한 정치인의 "지난해 실업률이 2%로 감소했다"라는 발언이 '거짓(False)'으로 검증됐다면, 그 결과가 클레임리뷰 형식으로 저장된다. 이렇게 저장된 데이터는 AI 모델이 새로운 발언을 만났을 때 과거의 검증 기록과 자동 매칭에 활용된다(Reporters' Lab, 2023).

클레임리뷰를 만든 건 구글과 듀크대 리포터스랩이다. 2016년 구글 뉴스 팀이 검색과 뉴스 결과에서 팩트체크를 구조화하기 위해 듀크대 리포터스랩와 손잡았다. 듀크대 리포터스랩은 이후 IFCN과 협력해 팩트체크 기관들이 이를 실제 적용할 수 있는 표준으로 키웠다. 현재 구글 뉴스 이니셔티브와 IFCN이 이를 관리한다. 전 세계 언론사는 클레임리뷰를 활용할 수 있다.

미디어리뷰는 클레임리뷰 개념을 이미지·영상 검증 영역으로 확장한 데이터 표준이다. 시각 자료를 '조작됨(Altered)' '오도(Misleading)' '사실(Factual)'로 분류하고, 관련 검증 기사와 연결하는 방식으로 설계됐다. 이미지 파일에 메타데이터를 삽입해 제작 출처와 변형 여부를 추적할 수 있게 한 점도 특징이다.

예를 들어 선거 기간에 합성된 정치인 사진이 유포되면, 미디어리뷰 태그가 붙어 "이 이미지는 조작됨"이라는 사실과 함께 검증 기사 링크를 제공할 수 있다(Reporters' Lab, 2023).

실제 폴리티팩트와 듀크대는 클레임리뷰를 실시간 방송에 적용한 '스쿼시(Squash)' 프로젝트를 운영했다. 스쿼시는 TV 토론이나 정치 연설에 나오는 발언을 실시간 음성 인식해, 클레임리뷰의 메타데이터 DB와 대조한다. 이미 검증된 주장과 일치하는 내용은 곧바로 시청자에게 사실 · 거짓 여부를 표시한다(Reporters' Lab, 2023). 이 방식은 방송 중 실시간 진위 판별이 가능하다는 새 가능성을 보여 줬다.

AI 팩트체크, 스타트업에 떴다

미국의 AI 팩트체크 생태계는 언론사와 학계를 넘어 스타트업으로 확장하고 있다.

뉴스가드(NewsGuard)는 뉴스 신뢰도를 평가하는 브라우저 확장 프로그램을 운영해 왔다. 2023년부터 AI 기반 거짓 DB를 구축했다(NewsGuard, 2023). 이 DB는 수백 개 허위 서사를 키워드, URL, 문맥 패턴으로 구조화해 저장한다. AI 크롤러는 웹을 감시하다가 동일한 패턴을 발견하면 경고를 발령하는 식이다. 예를 들어 과거 "백신에 마이크로칩이 들어 있다"는 거짓 주장이 새 블로그에서 등장하면 뉴스가드의 AI가 이를 즉시 탐지해 알리는 식이다.

광고 시장을 겨냥한 AI 팩트체크 기업 애드베리파이(AdVerif.ai)도 있다. 광고주가 가짜뉴스 사이트에 광고를 게재하지 않도록 돕는 기술로 시작해, 2022년 미국 브랜드 안전 기업에 인수되며 상용화됐다(AdVerif.ai, 2022). 이 회사는 페이크랭크(FakeRank)라는 딥러닝 기반 신뢰도 점수 시스템을 개발해 뉴스 품질을 평가하고 광고 노출을 제어한다. 이를 통해 광고 수익이 허위 콘텐츠에 흘러가지 않도록 막는 새로운 산업 모델을 이끌고 있다.

미국의 AI 팩트체크는 전통적 언론·학계 중심의 검증을 넘어 광고·브랜드 안전, 기업 데이터 보호까지 영향력을 넓히고 있다. 여전히 AI의 음성 인식과 문맥 이해 한계가 여전히 주요 과제로 남아 있다. 그럼에도 데이터 표준화와 실시간 매칭 실험은 AI 팩트체크를 실험 단계에서 실무적 도구로 발전시키는 핵심 요소라는 평을 받고 있다.

참고문헌

AdVerif.ai(2022). We keep your brand safe. https://adverifai.com/brand-safety/ [Accessed: 2026.1.21].

Knight Foundation(2013). The Washington Post introduces model for "Truth Teller" real-time fact checker. https://knightfoundation.org/press/releases/washington-post-introduces-model-truth-teller-real/ [Accessed: 2026.1.21].

Logically(2020). About Logically. https://logically.ai/company [Accessed: 2025.8.17].

NewsGuard(2023). False claim fingerprints. https://www.newsguardtech.com/solutions/false-claim-fingerprints/ [Accessed: 2025.9.22].

Reporters' Lab.(2023). Tech & Check Cooperative. Reporters' Lab. https://reporterslab.org/tech-and-check/ [Accessed: 2025.8.14].

Snopes(2024). Snopes launches FactBot, an AI service to fact-check your questions. Snopes. https://www.snopes.com/2024/07/10/snopes-launches-factbot-ai-fact-checking/ [Accessed: 2025.8.15].

Washington Post(2013). The Washington Post introduces model for "Truth Teller" real-time fact checker. https://www.washingtonpost.com/community-relations/the-washington-post-introduces-model-for-truth-teller-real-time-fact-checker/2013/01/29/20d20180-6a1f-11e2-ada3-d86a4806d5ee_story.html [Accessed: 2026.1.21].

06
유럽 AI 팩트체크

유럽은 데이터 수집부터 모델 훈련까지 독립적으로 수행하며 AI 팩트체크를 발전시켰다. 자체 데이터와 언어 모델을 활용해 실시간 주장 선별을 고도화했고, 허위 정보 확산 패턴을 AI로 추적해 국가적 정보 작전을 밝혀냈다. 정부와 기관이 협력해 시민 AI 리터러시와 알고리즘 감시에 집중하면서 데이터 표준화와 연구 · 교육 · 정책 연계를 지원하기도 했다.

AI와 민주주의?

팩트체커가 AI 훈련

유럽의 AI 팩트체크 생태계는 미국과 다르다. 미국에선 언론사와 대학, 연구센터가 협력해 자동화 도구를 개발하고 실험해 왔다. 반면 유럽 기관은 데이터를 직접 수집하고 모델까지 훈련시키는 독립형 AI 팩트체크 인프라를 구축했다.

가장 대표적인 사례는 풀팩트다. 풀팩트는 2010년 영국에 설립된 비영리 팩트체크 센터다. 정치뿐 아니라 경제, 보건, 이민, 환경까지 다양한 주제를 검증한다. 유럽 전체를 놓고 보면 AI를 활용한 팩트체크 분야에서 풀팩트가 가장 앞서 있다. 단순히 AI를 팩트체크 지원 도구로 쓰는 데 그치지 않고, 스스로 데이터와 모델을 만들어 자동화 시스템을 구축해 왔다는 이유에서다(FullFact, 2023).

풀팩트는 2016년부터 AI와 ML을 활용한 팩트체크 자동화 연구를 시작했다. 본격적으로 AI를 팩트체크에 도입한 건 2018년이다. 당시 풀팩트 연구팀은 구글 버트로 팩트체크 특화 모델을 만들었다. 이 모델은 문맥을 이해하고 표현을 학습해 사실 주장을 식별할 수 있었다(Devlin et al., 2019). 풀팩트는 버트를 주제 분류, 주장 추출, 실시간 방송 발언 모니터링 등 핵심 단계에 활용했다.

당시 연구팀은 버트를 그대로 사용하지 않고 자체 데이터를 구축해 모델을 팩트체크 도메인에 맞게 파인튜닝했다. 연구진은 뉴스 기사와 TV 자막, 선거 공약집에서 약 5000개 문장을 직접 수집하고 라벨링했다. 각 문장을 정략적 수치 주장, 미래 예측, 개인적 경험담 등 아홉 가지 유형으로 분류했다. 기존 모델 위에 새로운 분류장치를 덧붙여 AI가 문장을 읽었을 때 그 속에 담긴 주장의 성격을 자동으로 가려내도록 훈련시킨 셈이다. 이 과정을 통해 기존 범용 언어 모델을 팩트체크 특화 모델로 변환한 것이다(FullFact, 2023).

그 결과 버트 기반 모델은 새로운 문장을 접했을 때도 미리 정의된 주장 유형을 약 80% 정확도로 구분할 수 있었다. 이는 사람이 완전히 대체되지 않으면서도 팩트체커의 선별 작업과 단순노동을 크게 줄인 사례로 평가된다.

앞서 언급된 미국형 AI 팩트체크 모델은 '학계-언론 협력'을 통한 자동화가 특징이다. 대학 연구실이 알고리즘과 메타데이터 표준을 설계하고, 언론사가 이를 현장 검증과 뉴스 제작에 활용하는 구조다. 반면 풀팩트는 외부 의존을 최소화하고 데이터 수집 단계부터 자체적으로 진행했다. 이후 직접 모델까지 개선하고 알고리즘을 실험하는 독립형 기술 전략을 취했다.

AI로 허위 정보 생태계 감시

유럽의 AI 팩트체크는 단순히 거짓을 가려내는 데 그치지 않는다. 허위 정보가 퍼지는 방식과 알고리즘의 작동 원리까지 추적하며 사회에 긍정적 영향을 미치는 데 주력했다.

리투아니아는 빌뉴스에 비영리 연구기관 디벙크.org를 2018년 설립했다. 디벙크.org는 리투아니아와 라트비아, 에스토니아로 이뤄진 발트 3국을 중심으로 허위 정보를 탐지하고 있다(Debunk.org, 2024). 이 기관은 웹크롤링과 AI 분석을 결합해 매일 쏟아지는 온라인 게시글, 이미지, 밈을 모니터링한다. 하루 3만 건 이상의 문서를 분석하며 26개 언어와 2600개 이상의 웹 도메인을 추적한다(Debunk.org, 2024).

디벙크.org의 AI는 정보 탐색 단계에서 활약한다. 우선 키워드와 내러티브 패턴을 찾아 의심 콘텐츠를 선별한다. 이어 언어 식별, 자동 번역, 요약을 통해 분석가가 검토하기 쉽게 가공한다. 이미지와 영상은 EU 연구 프로젝트 AI-CODE가 개발한 MAAM 도구로 분석한다. 이 도구는 합성 흔적과 편집 흔적을 자동으로 판별할 수 있다(EU AI-CODE, 2023).

여기서 AI는 허위 정보 이동 패턴을 읽어낼 수 있다. 디벙크.org는 DISARM 프레임워크와 STIX 표준을 활용해 '누가 어떤 전술을 사용했는가'를 구조화한다. 이를 통해 개별 콘텐츠가 아니라 조직적 정보 작전임을 입증하고, 파트너 기관과 신속히 정보를 공유한다. AI가 제시한 합성 여부나 내러티브 패턴은 분석가와 기자가 직접 확인한다.

대표 성공 사례는 2025년 2월 일어난 '오퍼레이션 오버로드(Operation Overload)'다. 이는 러시아 연계 세력이 이메일을 통해 수백 장 이미지와 밈(meme)을 살포한 사건이다. 당시 디벙크.org는 300여 장 이미지 중 34%가 AI 합성임을 밝혀냈다. 이를 통해 단순한 가짜 이미지가 아닌 국가 주도의 조직적 정보 작전임을 드러냈다(Debunk.org, 2025). 또 리투아니아 언론인 얼굴과 목소리를 딥페이크로 조작해 보이스 피싱을 시도한 사례도 포착했다. AI는 비자연스러운 음성 싱크와 영상 왜곡을 감지해 표적형 공격임을 밝혀냈다.

당시 전문가들은 디벙크.org를 "AI가 허위 정보 대응의 방패가 될 수 있음을 보여 준 사례"라고 평가했다. 단순히 진위 판별을 넘어 허위 정보 유포 행위 자체를 분석하는 능력을 확실히 입증했다는 이유에서다(Bradshaw & Howard, 2024).

핀란드의 비영리 단체 파카바아리(Fakabaari)는 또 다른 접근법을 채택했다. 해당 기관은 2014년 유럽의회 선거를 계기로 출범했다. 초기에는 선거 팩트체크를 담당했지만 현재 AI 리터러시 교육과 알고리즘 감시에 집중한다(Faktabaari, 2024). 단순히 허위 정보를 바로잡는 대신 시민이 AI와 플랫폼 구조를 비판적으로 볼 수 있도록 돕는 것이 목표다.

파카바아리는 청소년 대상으로 AI 리터러시 교육을 진행한다. 교육에는 딥페이크 탐지와 알고리즘 편향 분석, 규제 논의가 포함된다(EDMO, 2024). 이 기관은 AI를 팩트체커처럼 활용만 하기보다 기능을 감시하고 사회에 전파하는 대상으로 보고 있다.

가장 대표적인 프로젝트 예시는 소셜 플랫폼의 추천 알고리즘을 추적한 사례다. 2024년 EU 프로젝트 '크로스오버 핀란드"에서 파카바아리는 유튜브와 틱톡 추천 시스템을 분석했다. 그 결과 핀란드 대선 기간 유튜브의 '업넥스트(Up Next)' 추천이 우파 정치 콘텐츠를 검색보다 더 자주 노출한다는 사실을 밝혔다(Faktabaari, 2024). 틱톡에서도 여성과 소수자를 겨냥한 독성 언어가 검색

제안에 포함돼 의도치 않게 혐오 콘텐츠에 노출되는 문제가 확인됐다.

파카바아리는 이 연구를 통해 허위 정보가 어떻게 확산하는지 시각적으로 보여 줬다. 전문가들은 이를 "허위 정보 대응의 새로운 패러다임"이라 평가했다. 단순히 거짓 주장을 판별하는 것을 넘어, 플랫폼 구조 자체를 이해하고 감시하는 것이 중요하다는 메시지를 던졌기 때문이다(Posetti & Bontcheva, 2024).

유럽 AI 팩트체크 허브, EDMO

유럽에는 AI 팩트체크를 직접 수행하지 않지만, 핵심적 역할을 하는 기관이 있다. 바로 '유럽 디지털 미디어 관측소(EDMO)'다. EDMO는 2020년 유럽연합이 온라인 허위 정보에 대응하기 위해 만든 조직이다. 사실 검증, 연구, 미디어 교육, 정책 감시까지 하나로 연결하는 네트워크다. 이탈리아 피렌체의 유럽대학원(EUI)이 이를 운영하고 있다(EDMO, 2020). 현재 EDMO는 AI 팩트체크 연구와 도구 개발을 지원하고 데이터 접근과 표준화를 조율한다. 유럽 각국 허브와 팩트체커들이 AI를 현장에 적용할 수 있도록 인프라를 제공하는 셈이다(EDMO, 2020).

AI 팩트체크 모델을 훈련하려면 대규모 플랫폼 데이터가 필요하다. 검색 기록, 추천 알고리즘, 게시물 확산 경로 같은 데이터는 필수 요소다. EDMO는 이런 데이터를 다루기 위한 지침을 만들고 있다. 이 과정에서 필요한 개인정보 보호와 연구 윤리도 함께 논의한다. 주로 API 접근과 활용 규칙을 정리해 연구자와 플랫폼 간 가교 역할을 한다(EDMO, 2021).

현재 EDMO 산하에는 15개 넘는 유럽 국가 · 지역 허브가 운영되고 있다. 각 허브는 자국 언어와 미디어 환경에 맞는 AI 도구를 현장에 적용한다. 예를 들어 북유럽 허브 '노르디스(NORDIS)'는 청소년과 교사 대상 AI 리터러시 교육을 추진한다. 중동부 유럽 허브는 선거 기간 허위 정보 추적을 위해 AI 탐지기를 사용한다. EDMO는 이들 성과와 사례를 모아 다른 국가에 전파한다(EDMO, 2023).

2024년 EDMO는 '생성형 AI와 허위 정보 대응 작업반(Working Group on GenAI and Disinformation)'을 꾸렸다. 딥페이크 이미지와 합성 영상, AI 작성 기사를 어떻게 탐지하고 라벨링할지 논의하는 것을 목표로 뒀다. 각국 허브와 팩트체커는 이 지침을 토대로 실험을 진행한다. 교육 기관은 학습 자료에 이를 반영하기도 한다

(European Commission, 2024).

참고문헌

Bradshaw, S. & Howard, P. N.(2019). The global disinformation order: 2024 update. Oxford Internet Institute. https://www.oii.ox.ac.uk/news-events/reports/the-global-disinformation-order-2019-global-inventory-of-organised-social-media-manipulation/ [Accessed: 2026.1.21].

Debunk.org(2024). Misinformation, Disinformation. https://www.debunk.org/disinformation-vs-misinformation [Accessed: 2026.1.21].

Debunk.org(2025). Operation Overload: DEbunk.org's Case. https://www.debunk.org/ai-powered-propaganda-operation-overload-debunk-org-s-case-part-2 [Accessed: 2026.1.21].

Devlin, J. et al.(2019). BERT: Pre-training of deep bidirectional transformers for language understanding. *Proceedings of NAACL-HLT 2019.*

EDMO(2020). Mission and structure. https://edmo.eu/about-us/edmoeu/our-vision-and-mission/ [Accessed: 2026.1.21].

EDMO(2021). Public Report: 1 June 2020 – 31 March 2021. https://edmo.eu/wp-content/uploads/2021/09/EDMO-Public-Report-June-2020-%E2%80%93-March-2021-2021.pdf [Accessed: 2026.1.21].

EDMO(2024a). Digital Media Literacy in EDMO: Guidelines for Effective Media Literacy Initiatives. https://edmo.eu/publications/digital-media-literacy-in-ed

mo-guidelines-for-effective-media-literacy-initiatives/ [Accessed: 2026.1.21].

EDMO(2024b). EDMO Public Report: December 2023 – December 2024. https://edmo.eu/publications/edmo-public-report-december-2023-december-2024/ [Accessed: 2026.1.21].

EU AI-CODE(2023). Services. https://aicode-project.eu/services/ [Accessed: 2026.1.21].

European Commission(2024). Guidelines under the Digital Services Act on recommended measures to mitigate online risks including disinformation. Brussels: European Commission. https://ec.europa.eu/commission/presscorner/detail/en/ip_24_1707 [Accessed: 2026.1.21].

Factabaari. AI guide for teachers. https://faktabaari.fi/edu/oppaat/teachers-ai/ [Accessed: 2025.9.20].

FullFact(2023). Full Fact Report 2023: Informed citizens: Addressing bad information in a healthy democracy. https://fullfact.org/policy/reports/full-fact-report-2023 [Accessed: 2025.9.21].

Graves, L.(2018). Understanding the promise and limits of AI fact-checking. Reuters Institute for the Study of Journalism.

Hassan, N. et al.(2017). Toward automated fact-checking: Detecting check-worthy factual claims by ClaimBuster. *Proceedings of the 23rd ACM SIGKDD International Conference on Knowledge Discovery and Data Mining (KDD 2017).*

Posetti, J. & Bontcheva, K.(2024). Journalism, AI and trust. Paris:

UNESCO. https://www.unesco.org [Accessed: 2026.1.21].

Reporters' Lab(2023). The lessons of Squash, our groundbreaking automated fact-checking platform. https://reporterslab.org/2021/06/28/the-lessons-of-squash-our-groundbreaking-automated-fact-checking-platform/ [Accessed: 2026.1.21].

07
아시아 AI 팩트체크

아시아의 AI 팩트체크는 국가별로 상반된 길을 걷고 있다. 한국은 학계 · 언론 · 스타트업이 빠르게 기술을 개발하지만 정치적 불안정과 제도 미비로 실험 단계에 머문다. 일본은 정부 가이드라인과 산업 협력으로 투명성과 책임을 갖춘 안정적 생태계를 구축했다. 반면 중국은 법과 플랫폼을 결합해 AI 팩트체크를 국가 통제 도구로 삼아 정보 통제를 실현하고 있다.

AI와 애니메이션?

한국, 혼란 속 AI 팩트체크

한국의 AI 팩트체크는 혼돈 속에서 실험을 이어가는 단계다. 북미나 유럽처럼 상용화가 정착된 수준은 아니지만, 최근 몇 년 사이 학계 · 언론 · 스타트업이 빠르게 기술과 인프라를 구축하고 있다.

서울대 언론정보연구소는 2017년부터 'SNU 팩트체크'를 운영하며 국내 언론사들의 검증 기사를 다뤘다. 이를 바탕으로 학계는 한국어 특화 주장 인식-매칭-근거 추천 알고리즘을 발전시키고, AI 학습용 데이터세트를 구축해 '팩트체크 허브'로 키웠다. 그러나 2024년부터 지금까지 무기한 활동을 중단한 상태다. 당시 언론 보도에 따르면 센터는 출범 후 지속적으로 정치권 압박에 시달린 것으로 전해졌다(미디어오늘, 2024).

한국은 미국처럼 산학연 협력을 통한 AI 팩트체크 생태계 확장도 진행 중이다. 숭실대는 국내 AI 기업인 마음AI, 어도비 리서치와 손잡고 '휴메인(HUMANE)' 팀을 구축했다. 이 팀은 메타의 오픈소스 모델 라마(LLaMA)로 증거 검색부터 최종 판정까지 자동화하는 시스템 '히어로(HerO)'를 개발했다. 이 시스템은 2024년 국제 챌린지에서 상위권에 오르며, 오픈소스 모델만으로도 현실적인 팩트체크가 가능하다는 가능성을 보였다(HUMANE,

2024).

언론사도 AI 팩트체크를 실험하기 시작했다. 가장 최근 사례는 조선일보다. 조선일보는 2025년 2월 '교열-번역-검색-팩트체크-기사 생성'으로 이어지는 AI 도입 로드맵을 발표했다(조선일보, 2025). 그중 팩트체크를 위한 AI는 2025년 9월 내부 도입될 예정이다. 이 시스템은 기사 속 숫자, 인용, 주장 등을 자동 추출하고 신뢰할 만한 출처와 대조해 오보를 사전에 차단하는 것을 목표로 뒀다. 다만 실제 보도 환경에서 성능이 얼마나 입증될지는 도입 이후 객관적으로 검증될 필요가 있다.

국내 스타트업 움직임도 주목할 만하다. 팩트브릿지(FactBridge)는 토론 중 제기된 주장에 대해 실시간으로 신뢰도 점수와 근거를 제공하는 인터페이스를 운영하고 있다(FactBridge, 2024). 사용자는 AI가 제시한 링크와 분석 결과를 즉시 확인할 수 있다.

한국은 이전부터 AI 팩트체크 생태계 확장에 힘썼다. 2020년 한국언론진흥재단(KPF)은 오픈 플랫폼 '팩트체크넷'을 출시하며 AI 팩트체크 생태계에 시동 걸었다(KPF, 2020). 당시 팩트체크넷의 내부 실험 시스템 'AI넷(NET)'은 새로운 의심 주장을 과거 검증 기사와 비교해 유사도를 산출하고 자동 추천했다. 기자나 팩트체커는

AI를 통해 효율적으로 자료를 탐색할 수 있었다. 그러나 이 프로젝트는 2023년 정치적 논란과 예산 문제로 중단됐다(KPF, 2023).

같은 해 KDF 조사에서 국민 64.5%가 "AI를 팩트체크 도구로 사용하는 것에 수용적"(KDF, 2023)이라고 답했다. 당시 제도가 흔들리고 정치적 갈등이 있었지만, AI 팩트체크에 대한 수용력은 높아지고 있음을 보여 준다.

한국의 AI 팩트체크는 학계와 언론, 스타트업이 새로운 기술을 실험하며 방향을 찾고 있고, 시민들은 이를 받아들일 준비가 된 상태다. 다만 정치적 요인 등으로 인해 안정화되지 않은 전환기에 있다. 이 생태계가 성숙하려면 기술적, 제도적 신뢰를 확보하는 것이 가장 중요하다.

일본, 안정형 AI 팩트체크 생태계

한국이 여전히 실험 단계에 머물러 있는 것과 달리 일본은 AI 팩트체크 기술과 제도를 결합해 안정적 생태계를 구축했다.

일본의 AI 팩트체크는 2022년 일본팩트체크센터(JFC)에서 시작됐다. JFC는 영국 AI 스타트업 로지컬리의 영상 분석 AI를 도입해 딥페이크를 판별했으며 미국 비영리단체 미던(Meedan) 챗봇 기술을 적용해 일본 최대 메신저 앱 '라인'에 서비스를 붙였다. 이에 시민이 의심되는 메시지를 보내면, 챗봇이 DB를 검색해 유사한 기사나 과거 검증 결과를 바로 알려준다.

2024년 JFC는 'AI 활용 가이드라인'을 발표하면서 운영 원칙까지 제도화했다(JFC, 2024). 이 가이드라인은 AI가 작성한 텍스트는 사람이 반드시 검증해야 하며, AI가 생성한 이미지에도 출처와 합성 사실을 명확히 표시해야 한다는 규정이다. 이를 통해 AI 생태계까지 투명성과 책임성을 명확히 한 것이다.

일본 정부와 기업도 움직였다. NEC는 2024년 일본 총무성 지원을 받아 뉴스 검증을 돕는 언어 모델을 개발하기 시작했다(NEC, 2024). 이 시스템은 텍스트뿐 아니라 이미지, 영상, 음성까지 분석해 정보의 신뢰도를 평가한다. 단순한 사실 확인을 넘어 출처 신뢰성과 자료 간 모순 여부까지 점검하는 종합 검증 도구를 목표로 했다.

같은 해 후지쯔는 여러 대학·연구기관과 허위 정보 대응 플랫폼 개발을 발표했다(Fujitsu, 2024). 자연재해나 선거처럼 사회적 긴급 상황에서 AI가 자동으로 허위 주장을 포착하고 증거를 수집해 평가까지 처리할 수 있도록 하는 프로젝트였다. 완성 목표는 2025년 말이다.

이런 움직임을 뒷받침하는 정책적 기반도 촘촘하다.

일본 정부는 2024년 AI 운영 가이드라인을 발표해 기업 · 언론 · 플랫폼이 AI를 사용할 때 지켜야 할 기본 원칙을 제시했다(MIC Japan, 2024). 여기에는 투명성, 책임성, 인간 중심, 공정성 같은 가치가 포함됐다. 강제 규정은 아니지만, 정부가 발주하는 프로젝트와 지원 사업에서는 사실상 준수가 요구된다. 이 덕분에 AI 팩트체크 기준도 덩달아 쉽게 자리 잡혔다.

중국 AI 팩트체크, 국가 핵심 도구

중국은 한국, 일본과 달리 AI 팩트체크를 국가 정책적 도구에 활용했다.

첫 출발은 2018년 8월이다. 이때 중국 정부는 '인터넷 루머 반박 플랫폼'을 가동했다(CAC, 2018). 이 플랫폼은 위챗과 웨이보 같은 대형 SNS와 연결돼 있었다. AI가 의심스러운 글을 감지하면 검증팀이 즉시 사실 여부를 확인하고 결과를 공개하는 식이다.

일반 시민도 루머를 직접 신고할 수 있었다. 사용자가 신고하면 AI가 먼저 허위 가능성이 높은 사례를 걸러내고, 이후 검증자가 이를 확인해 공식 반박문을 배포했다. 단순 삭제를 넘어서, 공식적인 반박 정보를 신속히 확산시키는 체계를 구축한 것이다.

다른 전환점은 2025년 3월에 등장했다. 2025년 3월, 중국 정부는 'AI 생성 합성 콘텐츠 표시법'이라는 규칙을 발표하고 이를 같은 해 9월부터 시행했다(CAC, 2025). 이 규칙은 AI가 만든 모든 글 · 이미지 · 음성 · 영상을 반드시 표시하도록 의무화하는 것이다. 보이지 않는 메타데이터 표식도 허용했지만, 챗봇 대화나 얼굴 합성, 장면 편집처럼 민감한 경우에는 사용자가 한눈에 알아볼 수 있는 눈에 띄는 라벨을 붙여야 한다. 이를 지키지 않으면 플랫폼이 법적 책임을 져야 한다.

이 규칙은 중국의 AI 팩트체크 체계와 밀접히 연결됐다. 중국은 이미 AI가 의심스러운 글을 찾아내고, 사람이 다시 확인해 공식 반박을 내는 이중 검증 시스템을 운영해 왔다(CAC, 2018; Xinhua, 2020). 그런데 AI가 만든 콘텐츠에 표시와 워터마크가 붙어 있으면, 검증 과정이 훨씬 쉬워진다. 검증팀도 표시가 있는 콘텐츠를 우선 살펴보거나, 표식이 없는 자료만 따로 분석하면 된다. 또 플랫폼은 법적으로 라벨을 붙이고 AI 생성물을 관리해야 하므로, 국가와 플랫폼, 검증팀이 함께 움직이는 체계가 구축된다.

결국 이 규칙은 중국 정부가 AI를 이용해 허위 정보를 빠르게 찾아내고 공식적으로 반박할 수 있도록 기술적 ·

제도적 기반을 마련한 것이다. AI 팩트체크를 국가의 공적 기능으로 만들기 위한 핵심 장치라고 볼 수 있다.

중국 기업과 연구기관도 AI 팩트체크 구축에 적극적으로 움직였다. 텐센트 연구소는 2025년 AI가 만들어 낸 허위 정보 100건을 분석한 보고서를 발표했다. 이를 통해 어떤 조작이 어떻게 퍼지는지를 구체적으로 알리기도 했다(Tencent Research Institute & Jiao Zhen, 2025). 학계에서는 2023년 웨이챗 공공 계정 사용자가 퍼뜨린 건강 루머를 AI로 수집 · 분석해 루머 유형, 공유 속도, 댓글 반응 등을 정리했다(Li et al., 2023). 이런 연구는 AI가 허위 정보를 추적하고 유형별 확산 패턴을 이해하는 데 도움 줬다.

아시아 각국은 AI를 사실 검증에 도입하며 각기 다른 길을 걷고 있다. 한국은 학계와 스타트업, 언론이 기술을 빠르게 개발하고 시민 수용성도 높지만, 정책과 제도가 이를 안정적으로 받쳐주지 못한 상태다. 반면 일본은 AI 팩트체크에 정부 가이드라인을 연계해 투명성과 책임을 명확히 했다. 중국과 또 다른 극단을 보여 준다. 중국은 AI 팩트체크를 국가의 핵심 도구로 편입시켜 법과 플랫폼을 통해 강력히 통제하고 있다.

참고문헌

미디어오늘(2024). "'정치권 외압' 시달리던 SNU팩트체크 결국 활동 무기한 중단".
https://www.mediatoday.co.kr/news/articleView.html?idxno=320301 [Accessed: 2026.1.21].

조선일보(2025). "팩트체크부터 검색·교열까지… AI 미디어 시대 연다".
https://www.chosun.com/special/announcement/2025/02/03/6EOWLRCZPRCTZBK2BI2NXJVXKM/ [Accessed: 2025.8.14].

CAC(2018). 互联网辟谣平台启动公告(Internet rumor refutation platform launch announcement). Cyberspace Administration of China.
https://www.cac.gov.cn/2018-08/30/c_1123354656.htm [Accessed: 2025.8.14].

CAC(2025). 生成式人工智能合成内容标识办法(Generative AI synthetic content labeling rules). Cyberspace Administration of China.
https://www.cac.gov.cn/2025-03/14/c_1743654684782215.htm [Accessed: 2025.9.20].

FactBridge(2024). FactBridge 소개.
https://www.fact-bridge.com/about [Accessed: 2025.8.14].

Fujitsu(2024). Development of AI-based disinformation response platform. Fujitsu.
https://www.fujitsu.com/global/about/resources/news/press-releases/2024/1016-01.html

JFC(2022). Launch of the Japan Fact-Check Center (JFC). Japan Fact-Check Center.

https://www.factcheckcenter.jp/about-japan-fact-check-center/

JFC(2024). AI utilization guidelines for fact-checking. Japan Fact-Check Center. https://www.factcheckcenter.jp/info/others/jfc-ai-guideline

KPF(2020). "팩트체크넷 프로젝트 소개". 한국언론진흥재단. https://www.kpf.or.kr/front/intropage/intropageShow.do?page_id=9d4e35852d90415db2c82bb03b1b0841 [Accessed: 2025.9.22].

KPF(2023). "언론인 조사 주요 결과 발표". 한국언론진흥재단. https://www.kpf.or.kr/front/board/boardContentsView.do?board_id=246&contents_id=423fd420bb414ea9b751a7f05e40f63e [Accessed: 2025.8.14].

Li, Z. et al.(2023). Hot topic recognition of health rumors based on anti-rumor articles on the WeChat official account platform: Topic modeling. *Journal of Medical Internet Research, 25*, e45019. https://doi.org/10.2196/45019

MIC Japan(2024). AI Guidelines for Business Ver. 10. https://www.meti.go.jp/english/press/2024/0419_002.html

NEC(2024). NEC uses AI to analyze the trustworthiness of information and support fact-checking. NEC Press Release, https://www.nec.com/en/press/202409/global_20240913_01.html [Accessed: 2025.8.18].

Tencent Research Institute & Jiao Zhen(2025). Dataset of 100 AI-generated disinformation cases, summary analysis. https://chinai.substack.com/p/chinai-322-100-cases-of-ai-disinformation [Accessed: 2025.8.14].

Yoon, Y. et al.(2024). HerO at AVeriTeC: The Herd of Open

Large Language Models for Verifying Real-World Claims. *Proceedings of the Seventh Fact Extraction and VERification Workshop (FEVER)*, pp.130~136). https://aclanthology.org/2024.fever-1.15.pdf [Accessed: 2025.8.14].

Xinhua(2020). 转起来！别让疫情谣言满天飞！. Xinhua Online. https://www.xinhuanet.com/politics/2020-01/28/c_1125507084.htm [Accessed: 2026.1.21].

08
AI 검증 결과와 수용자 신뢰

사용자는 AI가 제시한 근거와 출처가 명확할 때 더 AI 팩트체크를 신뢰하며, 검증 과정이 투명할수록 결과를 받아들이는 경향이 강하다. AI 개입 사실을 알렸을 때 정치적 편향 인식이 줄어드는 등 인지적 균형 효과도 나타났다. 알고리즘의 편향이나 오류 가능성에 대한 우려는 여전히 존재한다. 결국 AI 팩트체크는 신뢰 기반 확산 가능성이 있지만, 설명력 · 투명성 확보가 필수적이라는 점이 공통 결론이다.

AI와 인재 채용?

AI, 확증편향 줄인다

AI가 편향을 줄이는 데 도움을 줄 수 있다는 연구 결과는 꾸준히 나오고 있다. AI가 특정 주제에 사람보다 덜 주관적이고 객관적이라는 인식에 기반한 배경에서다.

한 연구에선 AI 기반 팩트체크가 인간 전문가보다 확증편향을 완화한 것으로 나타났다(Drolsbach et al., 2024; Jia, 2024; Sundar & Kim, 2019). 디지털 리터러시 수준이 높은 이용자일수록 이 효과가 컸다. 기존 정치적 불신이나 전문가에 대한 회의가 있는 집단에서도, AI가 제시한 팩트체크는 상대적으로 중립적이고 덜 정치적으로 보이는 정보로 인식됐다.

AI 팩트체크가 신념 충돌 상황에서도 수용자의 방어적 반응을 줄인다는 연구 결과도 나왔다. 한국에서 2024년 전국 성인 960명을 대상으로 진행된 연구에 따르면, 인간 전문가가 사용자의 기존 신념을 반박하는 결과를 내놓으면 오히려 신뢰가 낮아지거나 기존 잘못된 정보를 더 강하게 믿는 역효과가 나타났다. 반면 AI가 신념에 반하는 내용을 제시했을 때는 방어적 반응이 거의 나타나지 않았다(Kim & Park, 2024).

인간 팩트체커는 사실 검증 과정에서 신념이나 이데올로기가 개입될 수 있지만, AI가 분석한 결과는 기계적이고 객관적일 것이라는 기대가 작용한 것이다.

SNS 환경에서 AI 라벨의 영향력을 살핀 연구도 있다. 페이스북에서 허위 정보 게시물에 사람의 댓글 개입과 AI가 자동으로 붙인 팩트체크 라벨을 비교한 실험에서, AI 라벨도 사람 댓글과 비슷한 수준의 신뢰 개선 효과를 보였다(Lee & Bissell, 2024). 두 방식 모두 허위 정보의 부정적 영향을 줄였고, 태도 개선에도 긍정적 효과를 보였다.

AI 팩트체크를 통한 설득 효과도 인간 팩트체크와 비슷한 수준인 것으로 나타났다. 일부 실험에서는 미국 공화당 성향 응답자가 'AI가 개입했다'는 사실을 알았을 경우, 오히려 정치적 편향 의식이 줄어드는 효과를 보였다. 또 AI든 사람이든 팩트체크 방식에 따라 정치인에 대한 호감도나 능력 평가가 달라지지 않았다. 결국 AI 팩트체크는 신뢰받지 못할 것이라는 우려와 달리 인간 팩트체커와 동등한 효과를 보인 셈이다.

이 외에도 세대별 AI 팩트체크 신뢰성에 대한 연구도 진행됐다. 젊은 층은 AI를 활용한 팩트체크에 비교적 개방적이었지만, 고령층은 AI 도구에 대한 신뢰와 사용 의향이 낮았다(Alasmari et al., 2025). 이에 세대별 신뢰 격차와 라벨 디자인, 사용성 문제 등은 해결해야 할 과제로 남아 있다. AI 팩트체크가 사회적으로 정착하기 위해서는 기술적 정교함뿐 아니라 수용자의 신뢰 경험을 세심하게 설계하는 일이 중요하다는 의미다.

AI 팩트체크도 틀린다

AI 팩트체크 신뢰성에 대한 의문은 갈수록 높아지고 있다. 일부 연구에서는 AI가 팩트체크를 시도할 때 과정이 애매하거나 오판할 가능성이 있는 경우 오히려 사람들에게 거짓을 더 믿게 만드는 역효과를 주는 것으로 나타났다(DeVerna et al., 2023). AI 팩트체크 내용이 일반 시민이 판단하기 어려운 내용으로 이뤄졌을 경우, 사람들은 AI 결과에 대해 혼란을 느낄 수 있었다. 이때 수용자는 진짜를 거짓으로 판단하거나 거짓을 확실히 판별하지 못하는 상황을 겪을 수 있다.

AI가 만든 팩트체크 라벨에 대한 신뢰성도 예상보다 높지 않다는 의견도 제기됐다. 미국 성인 1003명 대상으로 팩트체크 라벨 출처별 인식 실험을 진행한 결과, 응답자들은 전문 팩트체커가 작성한 라벨을 AI 알고리즘이 만든 라벨보다 더 효과적이라고 평가했다. 연구진은 "AI가 만든 라벨이라는 사실 자체가 신뢰도를 낮출 수 있다는 증거"라고 분석했다(Jia & Lee, 2024).

전문가들은 AI 팩트체크가 아무리 정확한 근거로 사실 여부를 판단했어도, 그 결과물이 수용자 신념과 충돌이 클 경우 신뢰성을 확보하기 어렵다는 현실을 지적했다. 사람들의 확증편향이 AI 팩트체크 수용을 막는 걸림돌이 될 수 있다는 의미다(경향신문, 2024). 이에 현실에선 AI 팩트체크가 단순히 객관적 도구가 되기 어렵다는 불신이 내재했다는 의견이 나오고 있다(박소영 · 이정현, 2023).

AI 팩트체크나 정보 제공 도구는 효율과 속도만으로는 신뢰를 얻기 어렵다는 주장도 제기됐다. 미국 카이저가족재단(KFF)은 2024년 8월 미국 성인 약 2000명을 대상으로 AI와 건강 정보에 관한 설문조사를 진행했다.

조사 결과 응답자 절반 이상인 56%는 AI 챗봇이 제공하는 정보가 사실인지 거짓인지 스스로 판단할 자신이 없다고 답했다(KFF, 2024). 특히 건강이나 정치처럼 중요한 분야에서는 불신이 더욱 뚜렷했다. 건강 정보를 신뢰한다고 답한 비율은 29%에 불과했고, 정치 관련 정보에 대한 신뢰도는 더 낮아 19%에 그쳤다(KFF, 2024).

흥미로운 점은 AI를 자주 사용하는 사람들조차 AI에 대한 신뢰성이 높지 않다는 것이다. AI 활용 경험이 있는 집단에서도 건강 정보를 신뢰한다고 답한 비율은 36%,

정치 정보는 24%에 그쳤다(KFF, 2024). AI에 익숙한 사람들도 핵심 정보 분야에서는 여전히 조심스럽다는 의미다.

이 같은 조사는 AI 팩트체크 신뢰도에 의문점을 던진다. 사용자가 생명이나 사회적 결정과 직결된 영역에서는 AI로부터 얻은 정보를 그대로 믿지 않아서다. 이는 최근 미국과 일본 등이 채택한 AI 챗봇 형태 팩트체크 서비스가 사용자 관점에서 신뢰성을 쉽게 얻을 수 없다는 점을 보여 준다.

AI 팩트체크도 설명 가능성 필수

AI 팩트체크가 사용자 신뢰를 얻기 위해서는 단순히 결과를 제시하는 수준을 넘어야 한다. 신뢰는 정확한 판단 그 자체보다 왜 그런 판단이 나왔는지 알려줄 때 형성된다. 연구자들은 공통으로 사용자가 판단 근거와 과정을 따라갈수록 AI 팩트체크를 더 신뢰한다고 입을 모았다. 이 점에서 AI 팩트체크는 기술뿐 아니라 사용자와의 커뮤니케이션도 수준 높게 유지해야 한다. AI 팩트체크가 수용자를 설득할 수 있을 때 신뢰성은 덩달아 높아진다는 설명이다.

수용자는 AI가 사실 여부를 판정했다는 결론보다 어

떤 근거 바탕으로 어떤 기준을 적용했는지 알고 싶어 한다. 근거가 명확히 제시되고 출처가 확인 가능하며 판단 기준이 설명될수록 AI 팩트체크 결과는 설득력을 얻는다. 반대로 결과만 제시되거나 설명이 부족할 경우, AI 판단은 또 하나의 불투명한 주장으로 인식될 가능성이 높다. 이는 수용자를 혼란스럽게 만들 수 있다.

연구들은 AI 팩트체크 신뢰가 맥락에 따라 다르다는 점에 동의하고 있다. 동일한 AI 팩트체크 결과라도 정치나 건강처럼 가치 판단과 위험 인식이 강하게 개입되는 영역에서는 훨씬 엄격한 기준이 적용된다. 수용자는 AI를 전적으로 신뢰하거나 무조건 불신하지 않고, 상황에 따라 신뢰 수준을 무의식적으로 조절할 수 있다는 설명이다.

이런 특성은 AI 팩트체크가 설명 가능성을 비롯한 출처 제시, 판단 기준 공개가 투명하게 이뤄져야 한다는 점을 보여 준다. 결국 AI 팩트체크 핵심 과제는 정확성뿐 아니라 신뢰를 어떻게 AI 아키텍처 설계에 반영해야 하는지에 달렸다. AI 팩트체크가 속도를 높이는 도구를 넘어 신뢰할 만한 시스템으로 탄생할 때 사회적 역할을 제대로 수행할 수 있다는 것이다.

AI 팩트체크가 정확성과 신뢰성을 완벽히 갖추려면

넘어야 할 산이 많다. 두 요소만으로는 해당 기술이 허위 정보를 가려내는 데 만능 해결책이 될 수 없음을 보여 준다. 다음 장에서는 AI 팩트체크의 한계가 무엇인지, 이를 극복하기 위해선 어떤 점이 선행돼야 하는지 각국 연구 결과와 전문가 의견을 통해 구체적으로 알아보고자 한다.

참고문헌

경향신문(2024.12.28). "신념이 된 가짜 정보, 전문가가 '팩트체크' 해줘도 안 믿는다".

박소영·이정현(2023). "팩트체크 인공지능 기술과 사실성의 역학: 현장 참여자의 심층 인터뷰 분석". 《한국언론학보》, 67(4), 238~271쪽.

Alasmari, A. A. et al.(2025). Demographic influences on trust in artificial intelligence. *PLOS ONE, 20*(3), e0331003. https://doi.org/10.1371/journal.pone.0331003 [Accessed: 2026.1.25].

Chae, J. H. & Tewksbury, D.(2024). Perceiving AI intervention does not compromise the persuasive effect of fact-checking. *New Media & Society.*

DeVerna, M. R. et al.(2023). Fact-checking information from large language models can decrease headline discernment. arXiv [Preprint]. https://arxiv.org/abs/2308.10800 [Accessed: 2025.1.25].

Drolsbach, C. P. et al.(2024). Community notes increase trust in fact-checking on social media. *Political Communication,*

41(2), pp.215~236.
https://doi.org/10.1080/10584609.2023.2272506
[Accessed: 2026.1.25].

Jia, C.(2024). Journalistic interventions matter: Understanding how Americans perceive fact-checking labels. *Harvard Kennedy School Misinformation Review, 5*(2). https://doi.org/10.37016/mr-2024-128 [Accessed: 2026.1.25].

Jia, C. & Lee, T.(2024). Journalistic interventions matter: Understanding how Americans perceive fact-checking labels. *Harvard Kennedy School Misinformation Review, 5*(2).

Kaiser Family Foundation(KFF, 2024). Health misinformation tracking poll: Artificial intelligence and health information. https://www.kff.org/health-information-trust/poll-most-who-use-artificial-intelligence-doubt-ai-chatbots-provide-accurate-health-information/ [Accessed: 2025.8.14].

Kim, Y. & Noh, G. Y.(2024). Can AI Fact-Checking Mitigate Biased Information Processing?: The Impact of Fact-Checking Sources, Belief Congruence, and Digital Media Literacy. *Korean Journal of Communication & Information, 128*, pp.7~38. https://www.kci.go.kr/kciportal/ci/sereArticleSearch/ciSereArtiView.kci?sereArticleSearchBean.artiId=ART003145123 [Accessed: 2025.8.14]

Lee, J. & Bissell, K.(2024). User agency-based versus machine agency-based misinformation interventions: The effects of commenting and AI fact-checking labeling on attitudes toward the COVID-19 vaccination. New Media & Society.

https://doi.org/10.1177/14614448231163228 [Acceesed: 2026.1.25].

Sundar, S. S. & Kim, J.(2019). Machine heuristic: When we trust computers more than humans. *Proceedings of the 2019 CHI Conference on Human Factors in Computing Systems (CHI '19).* https://doi.org/10.1145/3290605.3300768 [Accessed: 2026.1.25].

09
AI 팩트체크 한계

AI 팩트체크는 정보 검증의 핵심 도구로 자리 잡았지만 한계가 존재한다. 맥락과 사회적 가치 반영이 부족해 '알고리즘적 진실'에 의존할 위험이 있다. 영어 중심 데이터로 한국어 등 다른 언어에선 정확도가 낮고 복합적 주장 처리도 어렵다. 정치적 영향과 투자 부족, 표준 부재, 책임 소재 불명확도 문제다. 신뢰 확보를 위해 데이터 개선, 다언어 지원, 책임 구조와 법적 대비가 필요하다.

AI와 기자?

맥락 상실·알고리즘 권력 강화

AI가 사실을 판단할 때는 주로 기술적 규칙과 데이터에 의존한다. 이 과정에서 사회 · 정치적 맥락이 빠질 위험이 있다. 사실 검증은 본래 맥락과 가치, 사회적 합의를 고려해야 한다. 하지만 AI 모델은 정해진 데이터와 알고리즘으로만 참과 거짓을 나눈다. 그 결과 복잡한 현실이 지나치게 단순화될 수 있다(오세욱, 2017).

이런 접근은 또 다른 문제를 낳는다. AI는 확률적 계산을 통해 '가장 맞을 법한' 답을 내놓는다. 전통적으로 언론인과 연구자는 맥락을 해석하고 의미를 파악한다. 그러나 AI는 데이터에서 패턴을 찾아 통계적 결과를 내놓을 뿐이다. 이렇게 만들어진 '사실'은 현실을 직접 반영하기보다 계산된 값에 가깝다. 연구자들은 이를 "알고리즘적 진실"이라 부른다. 맥락이 사라진 검증은 민주적 토론과 지식 생산을 약화할 수 있다(오세욱, 2017).

특히 정치나 사회 문제는 단순히 사실-거짓을 나누는 것보다 맥락 해석이 중요하다. AI가 맥락을 보지 못하면, 소수자 목소리나 문화적 뉘앙스가 지워질 수 있다. 이런 과정이 반복되면 공공 담론은 점점 기계적 검증에 종속되고, 사회적 다양성과 토론의 폭은 좁아질 수 있다 (Shin, 2025).

전문가들은 AI 기반 팩트체크가 민주적 지식 검증 구조를 위협할 수 있다고 경고한다. 지금까지 사실 검증은 언론인, 연구자, 시민 사회가 협력해 공적 토론을 거치며 만들어왔다. 그러나 AI가 중재자 역할을 맡으면, 진실을 정의할 권한이 기술 기업이나 알고리즘 설계자에게 집중될 위험이 생긴다.

이때 검증 과정은 '왜'와 '어떻게'에 대한 해석을 잃고, 단순히 통계적 정답을 빠르게 출력하는 절차로 축소될 수 있다. '절차적 확실성(procedural certainty)'은 강화되지만 '맥락적 깊이(epistemic depth)'가 희생되는 현상이 발생한다는 것이다(Shin, 2025).

데이터·범용성 부족

연구자들은 현재 AI 팩트체크가 데이터 편향과 범용성 부족이라는 구조적 한계를 안고 있다고 지적한다. 이런 한계는 언어와 문화 차이에서 가장 먼저 드러난다. 현재 다수 모델은 영어 중심 데이터로 훈련된 경우가 많다.

그 결과 영어권에서는 일정 수준 정확도를 보이지만, 다른 언어로 넘어가는 순간 성능이 급격히 떨어질 수 있다(FullFact, 2023). 언어마다 표현 방식과 뉘앙스가 다른데, 모델이 이를 놓치기 쉽다. 단어 사용 빈도나 문법 패턴이 조금만 달라져도 판별력은 약해진다(EDMO, 2023).

특히 한국어나 동유럽 언어처럼 데이터가 제한적인 환경에서는 정확도가 급격히 떨어진다. 더 복잡한 문제는 참 · 거짓 이분법이다. 허위 정보 중에는 단순한 참 · 거짓으로만 구분하기 어려운 복합적 주장이 많다. 그러나 현 단계의 모델은 이를 세분화하거나 정교하게 설명하지 못한다(FullFact, 2023).

이런 한계는 여러 도구의 실험적 도입에서도 드러난다. 그동안 AI 기반 팩트체크 툴이 공개됐지만 데이터 품질 부족과 기술적 제약, 여전히 높은 인간 검수 의존도 때문에 널리 쓰이지 못했다.

투자·정책 지원 부족

전 세계적으로 AI 팩트체크에 대한 투자와 정책 지원이 부족하다. 한국은 이 같은 한계로 AI 팩트체크 성장을 중단한 국가이기도 하다. 그동안 여러 연구 프로젝트가 국책 과제로 추진됐지만 연구 지원이 정치적 논란 속에서 소모적으로 변질됐기 때문이다. 정권에 따라 연구 우선순위가 바뀌었으며, 안정적 투자가 이어지지 않았다.

연구자들은 "팩트체크는 본질적으로 가치와 맥락이

얽힌 영역"이라고 지적한다. 단순 기술만으로는 충분하지 않으며 AI의 역할과 범위를 두고 사회적 합의가 필요하다고 강조한다(KPF, 2022).

이런 문제는 한국에서만 생기지 않는다. 북미와 유럽에서도 비슷한 한계가 나타난다. 특히 EU는 AI 규제에 가장 활발하게 접근하고 있지만, AI 팩트체크에 대한 명확한 규정은 부재한 상태다.

EU는 AI가 정보 환경에 미치는 영향을 규제하기 위해 제도 틀을 투트랙으로 운영하고 있다. 하나는 AI 시스템 자체 위험을 관리하는 EU AI 액트(Act)다. 다른 하나는 플랫폼 정보 유통 구조를 다루는 디지털서비스법(DSA)이다. 두 제도는 허위 정보 문제를 염두에 두고 있지만 AI 팩트체크 자체를 독립 규제 대상으로 정의하지는 않았다(European Commission, 2021; EPRS, 2023).

EU AI Act는 위험 기반 접근을 채택해 일부 AI 활용을 금지하고 고위험 시스템에는 강한 의무를 부과한다. 고위험 AI에는 데이터 품질 관리, 문서화, 인간 감독, 기록 보존 같은 요건이 적용된다. 그러나 사실 검증이나 팩트체크 도구는 고유 범주로 분류되지 않았다. 적용 맥락에 따라 일반 AI로 다뤄지거나, 다른 규제 틀에 포함될 여지가 크다(European Commission, 2021; EPRS, 2022).

DSA도 접근 방식이 다르다. 이 법은 개별 콘텐츠 진위를 판단하기보다 플랫폼이 허위 정보 확산 같은 사회적 위험을 어떻게 관리하는지를 문제 삼는다. 대형 플랫폼에는 시스템 리스크를 평가하고, 이를 완화하기 위한 조치를 취할 의무가 부과된다(European Commission, 2022; EPRS, 2023).

이 과정에서 팩트체크는 허위 정보 대응을 위한 하나의 수단으로 등장한다. 플랫폼이 리스크를 줄이기 위해 팩트체킹 조직과 협력했는지, 관련 조치를 취했는지가 평가 대상이 된다. 하지만 이것이 곧 팩트체크 도구 자체에 대한 규제로 이어지지는 않는다.

유럽의회 싱크탱크 자료에 따르면, DSA 체계에서 팩트체크는 콘텐츠 조정이나 정보 무결성 전략 일부로 다뤄진다. 다시 말해 법은 팩트체크 품질이나 정확성을 직접 규정하기보다 플랫폼이 어떤 대응 노력을 했는지를 설명하도록 요구하는 데만 초점을 맞춘다(EPRS, 2023; EDMO, 2023).

EU는 법적 규제만으로 한계를 느끼는 영역에 대해서는 자율 규범도 병행하고 있다. 대표 사례가 '허위 정보 대응 행동 강령(Code of Practice on Disinformation)'이다. 이 강령은 플랫폼, 언론, 팩트체킹 조직 간 협력을 촉

진하는 틀을 제공한다. 다만 이는 강제 규정이 아니라 협력 원칙에 가깝다. AI 팩트체크 도구의 정확성, 책임, 표준을 직접 규율하는 체계라고 보기는 어렵다(European Commission, 2023).

결과적으로 EU의 규제 역시 "AI가 내린 판단이 옳은가"보다는 "AI와 플랫폼이 위험을 어떻게 관리하고 책임지는가"에 더 초점을 둔다. 이 과정에서 팩트체크는 중요한 역할을 맡지만 독립적인 제도 대상이 되지는 못했다. 팩트체크 품질 기준, 오류 발생 시 책임 구조, AI 판단 신뢰성을 보장하는 규칙은 여전히 명확하지 않다(EDMO, 2023; Shin, 2025).

각국이 관련 제도를 명확히 마련하지 못해 팩트체크 분야에서는 국가 간 표준화가 이뤄지지 않았다. 팩트체크 기관들이 공통 데이터세트를 공유하지 못한 채 각기 다른 검증 기준을 적용하고 있는 실정이다.

각국 팩트체크 기관들이 표준화된 데이터세트를 공유하지 못하고, 각자 다른 검증 기준을 유지하기 때문이다.

이들은 어떤 주장을 다룰지, 증거를 얼마나 엄격히 평가할지, 평가를 어떻게 매길지에 대한 기준이 전부 다르다. 예를 들어 미국 스놉스와 폴리티팩트를 비교한 연구에 따르면 동일한 749건 주장 가운데 약 30%에서 판정이 서로 달랐음을 보여 준다(Graves & Anderson, 2021).

물론 분류 체계와 평가 기준을 통일하려는 노력은 이뤄지고 있다. 앞서 언급한 유럽연합의 EDMO가 공동 데이터세트 구축을 시도한 사례가 대표적이다. 그러나 언어와 미디어 환경이 국가마다 달라 표준을 세우는 데 어려움 겪고 있는 실정이다. 다국어 환경에서 표현의 뉘앙스와 문화적 차이를 AI가 제대로 이해하지 못한다는 점도 문제를 키운다.

또 AI 팩트체크 도구가 오류를 냈을 시 책임 소재가 명확하지 않은 점도 한계다. 사실 책임질 주체는 많다. 도구를 만든 개발자와 알고리즘 설계자, 이를 서비스에 배포하고 운영하는 기업, 결과를 활용해 보도나 의사 결정을 내리는 사용자, 이를 감독하는 공공 기관까지 모두 책임 대상이 될 수 있다. 그러나 실제 사고가 일어났을 때 어느 한쪽이 전적으로 책임을 져야 한다고 말하기는 어렵다(Ge & Zhu, 2024).

책임을 추적하려면 "왜 이런 판단이 나왔는지" 설명할 수 있어야 한다. 하지만 많은 AI 시스템은 내부 작동 방식을 드러내지 않는다. 모델이 어떤 데이터와 규칙으로 결정을 내렸는지 알 수 없으니, 책임을 따지기가 어렵다.

연구자들은 설명 가능한 AI(XAI)가 책임 규명에 도움

이 된다고 보지만, 후처리 설명(post-hoc explanation)이 오히려 책임을 잘못 전가할 위험도 있다고 지적한다. 시스템이 특정 요인을 강조해 사용자에게 책임을 돌리거나, 설계자 잘못을 가리는 식으로 작동할 수 있다는 것이다(Lipton, 2018).

이를 해결하려면 공공 영역이 나서서 책임 구조를 명확히 설계하고, 오류 발생 시 조사와 보상을 위한 법적 절차를 마련해야 한다. 글로벌 법률 보고서 역시 "AI가 독립적으로 행동해 피해를 일으킬 때를 대비한 새로운 책임 규칙과 기록 관리가 필요하다"고 강조한다(Global Legal Insights, 2023).

참고문헌

오세욱(2017). "자동화된 사실확인 기술의 현황과 한계". 《사이버커뮤니케이션학보》, 34(3), pp.137~180.

KPF(2024). "AI로 진화하는 팩트체크: 가능성과 한계". 《KPF미디어브리프》, 2024-12. https://www.kpf.or.kr/front/research/briefDetail.do?seq=598794 [Accessed: 2025.8.14].

Collina, L. et al.(2023). Critical issues about A.I. accountability answered. California Management Review Insights, 6 November. https://cmr.berkeley.edu/2023/11/critical-issues-about-a-i-accountability-answered/ [Accessed: 2025.8.14].

EDMO(2023). Fact-Checking Brief.
https://edmo.eu/resources/fact-checking-publications/fact-checking-briefs/

Full Fact(2023). Full Fact Report 2023: Informed citizens: Addressing bad information in a healthy democracy. Full Fact.
https://fullfact.org/policy/reports/full-fact-report-2023/

Ge, Y. & Zhu, Q.(2024). Attributing responsibility in AI- induced incidents: A computational reflective equilibrium framework for accountability. arXiv [Preprint].
https://arxiv.org/abs/2404.16957 [Accessed: 2025.8.14].

Global Legal Group Ltd.(2023). Global Legal Insights: AI, Machine Learning & Big Data 2023, Fifth Edition. London: Global Legal Group Ltd.
https://www.globallegalinsights.com/practice-areas/ai-machine-learning-and-big-data-laws-and-regulations [Accessed: 2025.8.15].

Graves, L. & Anderson, C. W.(2021). Disagreeing on facts: How fact-checkers handle contested claims. *Journalism Studies, 22*(11), pp.1534~1553. DOI: 10.1080/1461670X.2021.1966215

Lipton, Z. C.(2018). The mythos of model interpretability. *Communications of the ACM, 61*(10), pp.36~43.

NTIA(2024). AI accountability policy report. U.S. Department of Commerce.

Shin, D.(2025). Automating epistemology: How AI reconfigures truth, authority, and verification. *AI & Society*. doi:10.1007/s00146-025-02560-y.

Shin, D.(2025). Algorithmic truth and democratic risks. Journal of Information Ethics.

10
AI 팩트체크 미래

AI 팩트체크는 한국어와 문화적 맥락을 반영한 데이터가 필수다. 정부 · 언론 · 학계 협력으로 로컬 언어 데이터와 설명 가능한(XAI) 모델을 구축해야 신뢰를 얻을 수 있다. 또한 국제 표준과 정책 지원, 미디어 문해력 교육을 결합해 글로벌 거버넌스를 마련해야 한다. 에이전틱 AI는 팩트체크 속도와 범위를 확대하지만, 자동화가 아닌 인간 중심의 조력 체계로 발전해야 한다.

AI와 미래 의사?

한국 '잘' 아는 데이터 필요

AI 팩트체크가 제대로 작동하려면 언어와 문화 토대가 튼튼해야 한다. 지금까지 많은 연구와 실험이 북미와 유럽 중심으로 이뤄지면서, 한국어와 아시아권 언어 · 문화는 충분히 반영되지 못했다.

특히 한국 사회는 정치적 양극화가 심하고, 뉴스 소비가 플랫폼 중심으로 이뤄졌다. 한글 문장 구조와 표현 방식도 영어와 다르다. 이런 맥락을 고려하지 않은 데이터는 한계를 드러낼 수밖에 없다.

AI 팩트체크는 로컬 언어와 문화적 맥락을 반영한 데이터 기반으로 만들어져야 한다. Kim 외(2024)는 기존 평가가 영어 번역 자료나 서구 맥락에 치우쳐 있음을 지적했다. 해당 연구진은 한국 시험지와 교과서를 활용해 1995개의 질의응답(QA) 쌍을 구성하고, 문화적 요소를 반영한 벤치마크를 제안했다. 이런 시도가 없다면 팩트체크 모델은 한국어 특유의 표현과 맥락을 이해하지 못한다.

XAI를 데이터 설계 단계부터 고려해야 한다. 모델이 활용한 증거 출처와 판단 기준, 불확실성 등을 사용자에게 보여 줘야 신뢰도가 높아진다. 한국어 특유의 구어체와 은어, 감정 표현까지 포용할 수 있어야 한다. 정치, 사회적 맥락도 함께 기록돼야 한다.

한국어 뉴스 기사나 SNS 댓글, 유튜브 자막 같은 실제 발언을 수집하고 이를 주장-근거-판정 구조로 정리하는 작업도 필수다. 이런 데이터는 모델이 특정 결론을 어떻게, 왜 내렸는지 설명할 수 있는 핵심 근거가 된다.

이런 과정은 한 매체나 기관이 해낼 수 없다. 정부 지원이 필요하다. 특히 공공기관은 데이터 개방과 표준화를 지원하고, 언론은 실제 검증 현장의 사례를 기관에 제공해야 한다. 학계와 연구기관은 데이터세트를 만든 후 품질을 평가해야 한다. 열린 데이터 생태계를 구축한다면, 한국어 기반 AI 팩트체크 기술은 더욱 신뢰할 수 있는 수준으로 성장할 수 있다.

신뢰 기반 글로벌 거버넌스

AI 팩트체크는 기술만으로 성장할 수 없다. 국제적 협력과 제도적 기반이 함께 마련돼야 한다. 해외 언론계와 학계에서도 AI 기반 팩트체크가 제대로 작동하려면 정책적 표준화와 규범적 합의가 필요하다(FullFact, 2024; Mehdiyev, 2025; Solopova, 2025; Nakov, 2021).

한국도 마찬가지다. 국내 언론인과 전문가들도 AI 도입에 찬성하지만, 정치적 중립성과 사회적 신뢰 확보를 가장 중요한 과제로 꼽는다(Kim & Lee, 2023). 제도적 장치 없이 기술만 앞서 나가면 오히려 신뢰를 잃을 수 있다는 지적이다.

앞서 언급했듯 국제적 협력은 일부 시작됐다. EDMO와 IFCN이 대표 사례다. 이런 모델은 한국을 포함한 아시아 지역에도 적용할 가치가 크다. 먼저 투명성이 확보되면 AI 팩트체크 결과에 대한 신뢰가 높아진다. "왜 이런 판단이 내려졌는가"를 명확히 보여 주면 불필요한 불신이 줄어든다. 국가 간 자원 공유도 원활해진다.

여기에 시민을 위한 미디어 문해력 교육이 더해지면 AI 팩트체크 효과는 배가 될 가능성이 높다. 시민이 스스로 허위 정보를 구별할 수 있어야 AI 경고에만 의존하지 않고 능동적으로 대응할 수 있다(Wardle & Derakhshan, 2017).

이를 아시아 국가에서 활성화하려면 공동 조사와 데이터 공유, 인증제도 마련, 투명한 절차 구축이 필수다. 특히 결과뿐 아니라 판단 근거, 증거, 오류 가능성까지 공개하는 구조가 필요하다. 동시에 학교와 지역 사회에서 미디어 문해력 교육도 강화해야 한다. 시민의 정보 해석 능력이 높아질 때 AI 팩트체크는 사회적 신뢰를 구축하는 기반이 될 수 있다.

현재 유럽연합 디지털서비스법(DSA)은 플랫폼의 허위 정보 대응을 법적 의무로 규정했다(European Commission, 2022). 유네스코는 AI 윤리 권고안을 통해 투명성과 책임성을 핵심 원칙으로 제시했다(UNESCO, 2021). OECD 역시 신뢰할 수 있는 AI를 위한 국제 가이드라인을 마련해 각국이 공통 기준을 공유하도록 독려한다(OECD, 2023). 한국처럼 선거와 사회적 갈등에 허위 정보가 큰 영향을 미치는 나라에서는 이런 국제 논의를 참고해 제도적 장치를 서둘러 마련해야 한다.

에이전틱 AI 시대 팩트체크

생성형 AI 시대를 넘어서 에이전틱 AI 시대가 오고 있다. 에이전틱 AI는 단순히 주어진 명령에 답만 하는 AI가 아니라, 스스로 목표를 세우고 계획을 만들며 여러 도구를 활용해 문제를 해결하는 지능형 에이전트를 뜻한다(OpenAI, 2025). 사용자가 지시하지 않아도 작업 순서를 정해 필요한 데이터를 찾아 실행할 수 있다는 점에서 기존 AI와 구별된다.

에이전틱 AI를 탑재한 팩트체크는 어떤 모습일까. 뉴스룸에 두 가지 큰 변화를 열어줄 것이다. 우선 팩트체크 속도와 범위가 대폭 늘어날 것으로 보인다. 에이전틱 AI

가 방송 중인 토론이나 SNS 실시간 스트림에서 수많은 발언을 100% 정확도로 추출·검증하면, 팩트체크는 과거보다 신속하고 포괄적으로 이뤄질 수 있다.

이에 따라 새로운 저널리즘 모델이 등장할 가능성도 높다. 기자들은 AI가 미리 선별한 의심 발언과 근거 기반으로 더 깊은 해석과 맥락 분석에 집중할 수 있다. AI가 반복적이고 데이터 집약적인 과정을 해결해 주면, 인간 팩트체커는 더 전략적이고 비판적인 판단에 전념할 수 있게 된다. 이를 통해 팩트체커는 전보다 XAI 과정에 더 집중 탐구할 수 있으며, AI 결과물을 맥락을 통해 해석할 수 있는 기회를 더 가질 수 있을 것이다.

그러나 이런 발전이 팩트체크의 완전 자동화를 의미하는 것은 아니다. 오히려 기술 발전이 커질수록 책임과 신뢰 문제는 더 중요해진다. 모델이 어떤 데이터 근거로 판단했는지, 그 근거가 어떤 맥락에서 생성됐는지, 오류가 생겼을 때 누가 책임질 것인지 명확해야 한다. 특히 한국처럼 언어와 문화적 특성이 강한 지역에서는 더욱 그렇다. 기술이 단순히 빠르고 정확한 답을 제공하는 것만으로는 사회적 신뢰를 얻기 어렵다.

결국 AI 팩트체크는 앞으로 인간과 기술의 협력 위에서 성장해야 한다. 학계에서는 AI 팩트체크를 '인간 중심의 자동 조력 체계'로 재정의할 것을 제안하고 있다 (Nakov 2021; FullFact, 2023).

AI 팩트체크는 단순히 기술 중심의 자동화 시스템으로 변질돼선 안 된다. AI는 팩트체커가 더 빠르고 정확하게 판단하도록 돕는 도구여야 하며, 최종적 맥락 해석과 사회적 책임은 여전히 사람이 지켜야 할 가치다.

참고문헌

EDMO(2024). European Digital Media Observatory annual report 2023. https://edmo.eu/publications/edmo-public-report-december-2023-december-2024

European Commission(2022). Regulation (EU) 2022/2065 of the European Parliament and of the Council on a Single Market for Digital Services (Digital Services Act). Official Journal of the European Union. https://eur-lex.europa.eu/eli/reg/2022/2065/oj/eng

Full Fact(2023). How we fact check. https://fullfact.org/about/how-we-fact-check/

IFCN(2023). *Code of principles.* https://ifcncodeofprinciples.poynter.org/

Kim, Y. & Noh, G. Y.(2024). Can AI fact-checking mitigate biased information processing?: The impact of fact-checking sources, belief congruence, and digital media literacy. *Korean Journal of Communication & Information, 128*, pp.7~38. DOI: 10.46407/kjci.2024.12.128.7.

Meta(2023). Meta third-party fact-checking partnerships and misinformation response. Transparency Report / Code of Practice on Disinformation and Misinformation. https://disinfocode.eu/reports/download/39

Mehdiyev, N. et al.(2025). Fact-checkers' requirements for explainable automated fact-checking. *Proceedings of the ACM on Human-Computer Interaction, 9(CSCW1)*, Article 165. https://doi.org/10.1145/3706598.3713277

Nakov, P. et al.(2021). Automated fact-checking for assisting human fact-checkers. *Proceedings of the 30th International Joint Conference on Artificial Intelligence (IJCAI-21)*, pp.4551~4558. https://www.ijcai.org/proceedings/2021/619

O'Neil, C.(2016). *Weapons of math destruction: How big data increases inequality and threatens democracy*. Crown.

OECD(2023). Recommendation of the Council on Artificial Intelligence. Organisation for Economic Co-operation and Development. https://legalinstruments.oecd.org/en/instruments/OECD-LEGAL-0449 [Accessed: 2025.8.14].

OpenAI(2025). Introducing ChatGPT agent. https://openai.com/index/introducing-chatgpt-agent/

Solopova, V.(2025). From trust to truth: Actionable policies for the use of AI in fact-checking in Germany and Ukraine. https://arxiv.org/abs/2503.18724

UNESCO(2021). Recommendation on the ethics of artificial intelligence. https://unesdoc.unesco.org/ark:/48223/pf0000380455

Wang, L. et al.(2024). A survey on large language model based autonomous agents. *Frontiers of Computer Science, 18*(6), 186345. doi:10.1007/s11704-024-40231-1

Wardle, C. & Derakhshan, H.(2017). Information disorder: Toward an interdisciplinary framework for research and policy making. Council of Europe.

김미정

한국외국어대학교 미디어커뮤니케이션 학사 학위를 받았다. 이후 영국 런던대 골드스미스 칼리지에서 같은 전공으로 석사 학위를 취득했다. 2021년부터 국내외 AI 산업과 기술 현장을 취재해 왔다. 현재 지디넷코리아에서 글로벌 기업의 AI 기술과 클라우드, 데이터베이스 산업을 담당하고 있다. 영국 웨스트민스터대 산하 미디어 연구소(CAMRI)에서 허위 정보 주제로 연구를 이어가고 있다. 그동안 미국 지디넷(ZDNetUS), 정보통신산업진흥원(NIPA), LG CNS 등 국내외 매체와 기관에 AI 관련 기사와 기고문을 게재했다.